U0534937

国际文化版图研究文库
颜子悦 主编

法国在非洲的文化战略
从1817年到1960年的殖民教育

〔塞内〕巴帕·易卜希马·谢克 著
邓皓琛 译

商务印书馆
2016年·北京

Papa Ibrahima Seck
La Stratégie Culturelle de la France en Afrique
L'Enseignement Colonial (1817—1960)

Copyright © L'Harmattan, 1993

This edition has been translated and published under licence from L'Harmattan.
Simplified Chinese Translation Copyright © 2016 by Beijing Yanziyue Culture & Art Studio.
All Rights Reserved.

本书简体中文版权归北京颜子悦文化艺术工作室所有，未经版权所有人的书面许可，不得以任何方式复制、摘录、转载或发行本书的任何部分。

国际文化版图研究文库总序

人类创造的不同文明及其相互之间的对话与沟通、冲突与融合、传播与影响乃至演变与整合，体现了人类文明发展的多样性统一。古往今来，各国家各民族皆秉承各自的历史和传统、凭借各自的智慧和力量参与各个历史时期文化版图的建构，同时又在总体上构成了人类文明发展的辉煌而璀璨的历史。

中华民族拥有悠久的历史和灿烂的文化，已经在人类文明史上谱写了无数雄伟而壮丽的永恒篇章。在新的历史时期，随着中国经济的发展和综合国力的提升，世人对中国文化的发展也同样充满着更为高远的期待、抱持着更为美好的愿景，如何进一步增强文化软实力便成为摆在我们面前的最为重要的时代课题之一。

为此，《国际文化版图研究文库》以"全球视野、国家战略和文化自觉"为基本理念，力图全面而系统地译介人类历史进程中各文化大国的兴衰以及诸多相关重大文化论题的著述，旨在以更为宏阔的视野，详尽而深入地考察世界主要国家在国际文化版图中的地位以及这些国家制定与实施的相关文化战略与战术。

烛照着我们前行的依然是鲁迅先生所倡导的中国文化发展的基本思想——"明哲之士，必洞达世界之大势，权衡较量，去其偏颇，得其神明，施之国中，翕合无间。外之既不后于世界之思潮，内之仍弗失固有之血脉，取今复古，别立新宗。"

在这一思想的引领下，我们秉持科学而辩证的历史观，既通过国际版图来探讨文化，又通过文化来研究国际版图。如此循环往复，沉潜凌空，在跨文化的语境下观照与洞悉、比较与辨析不同历史时期文化版图中不同文明体系的文化特性，归纳与总结世界各国家各民族的优秀文化成果以及建设与发展文化的有益经验，并在此基础上更为确切地把握与体察中国文化的特性，进而激发并强化对中国文化的自醒、自觉与自信。

我们希冀文库能够为当今中国文化的创新与发展提供有益的镜鉴，能够启迪国人自觉地成为中华文化的坚守者和创造者。唯其如此，中国才能走出一条符合自己民族特色的文化复兴之路，才能使中华文化与世界其他民族的文化相融共生、各领风骚，从而更进一步地推进人类文明的发展。

中华文化传承与创新的伟大实践乃是我们每一位中国人神圣而崇高的使命。

是为序。

颜子悦
2011 年 5 月 8 日于北京

一般来说，非洲人总是试图理解其他人。可几乎每次，非洲人总是受人鱼肉。至少在近1300年间，非洲史就首先是一部人类的受难史。无论是撒哈拉以北，还是撒哈拉以南，例子都多不胜数。

在这种统治及其后续的文化影响下，我们了解他人，要远甚于他人了解我们。直到今天，这种判断依然成立，仿佛我们了解了他人，受到他人的迫害，却没有认清他人的秉性。认识一物固然重要，但认识其性理，这便难能可贵了。

现在我们要知道的，便是他人是"如何处事"的：要懂得他人的思路、他人在所有方面的规划，要懂得如何有备而来地应对他人。也就是说：用其之价值，与之展开互动。我们非洲的古语有云：凡是我们体会到的事物，都按照我们自己的方式去体会。

倘若非洲人能做到这一点，那么国际关系、人际关系以及力量对比等都会往好的一方面发展，而我们思虑之不足则会大为减少。

致我的祖父母法图和马马都，
致所有带给我受教育机会的人，
也向非洲的教育致敬。

    为这本书的写作，我已经准备了十多年。在诸多不利的条件下，我既无人帮助，也没有机构资助过研究经费。

    在全书的准备过程中，我的妻子艾美总是尽全力帮助和支持我。她从来没有让我为难，相反，她总是鼓励我。而且她也从来没有因为我而抱怨、沮丧。她总是为了我的这趟写作计划奉献点滴。没有她，所有的努力都灰飞烟灭；有了她，一切都如愿以偿，付诸实现。

    我还要感谢我的朋友哈比布·萨多克，以及全体负责本书付梓的工作人员。

目 录

本书常见的一些法文缩略语 …………………………………… 1
前 言 …………………………………………………………… 3
    儿时的触动 ………………………………………………… 4
    一个严峻的现实 …………………………………………… 4
    迫切的必要性 ……………………………………………… 6
    我们该如何入手？ ………………………………………… 7

导 言 …………………………………………………………… 9
    法国文化战略的必要性从何而来？ ……………………… 11
    一时不容易厘清的现实 …………………………………… 14
    法国的战略形态 …………………………………………… 15

第一部分　对殖民战略的鉴定 ………………………………… 19

第一章　行政集权原则和同化原则 …………………………… 21
    第一节　行政集权原则 …………………………………… 21

　　　　A）殖民教育行动的沿革：从非国家倡议到国家包揽 …… 21
　　　　B）对原则的审视 …………………………………………… 28
　　　　　a）一个传统原则 ………………………………………… 28
　　　　　b）法国涉非政策方面 …………………………………… 30
　　　　　c）教育政策方面 ………………………………………… 32
　　第二节　同化原则 ………………………………………………… 38
　　　　A）法国传统和殖民悖论 …………………………………… 38
　　　　　a）一个历史原则 ………………………………………… 38
　　　　　b）殖民同化政策：一个社会、历史悖论 ……………… 40
　　　　B）重中之重：有限的同化与不断拓展的诉求 …………… 42
　　　　　a）对殖民教育政策中一些原则的重视 ………………… 42
　　　　　b）当地人对同化的诉求：公平和公正 ………………… 46

第二章　功利原则 ………………………………………………………… 53
　　第一节　长达整整一个世纪的调整 ……………………………… 53
　　　　A）功利原则的思路历程 …………………………………… 53
　　　　　a）第一个提法："绝对的经济至上" …………………… 53
　　　　　b）人道功利主义，抑或是隔离思想 …………………… 57
　　　　B）多头领导的尝试 ………………………………………… 58
　　　　　a）法国波旁王朝复辟，抑或是殖民者的农业利益 …… 58
　　　　　b）费尔赫布：领土扩张和法兰西文化的辉煌 ………… 59
　　　　　c）从柏林会议到一战（1885—1917）：（根据1903年鲁姆决议
　　　　　　　设立的）行政政策下的学校 ………………………… 61
　　第二节　两种统治的替换（经济统治与政治、行政统治）…… 63
　　　　A）两次世界大战期间 ……………………………………… 63
　　　　　a）1918年安古万决议：过渡到经济统治 ……………… 63
　　　　　b）在两次世界大战之间："增大殖民地产出"时期 …… 67
　　　　B）从布拉柴维尔会议到法兰西共同体（1944—1958）…… 70

a）布拉柴维尔会议：过渡到政治统治 ………………………… 70
　　　b）从法兰西联盟到法兰西共同体（1946—1960）：殖民体系对政治、制度前景的考量 ………………………… 72

第二部分　法国在殖民组织机构方面的战略 ………………………… 79

第一章　普通教育 ………………………… 81
　第一节　初等和中等教育 ………………………… 81
　　A）初等教育 ………………………… 81
　　　a）初等教育的基础和参照体系 ………………………… 81
　　　b）架构上的思路 ………………………… 85
　　B）中等教育 ………………………… 87
　　　a）颇具争议的一次机遇 ………………………… 87
　　　b）当地 19 世纪的小资产阶级：从社会地位的提升到后来二等地位的没落 ………………………… 89
　　　c）20 世纪：步履蹒跚的进步 ………………………… 92
　第二节　高等教育和人文研究 ………………………… 97
　　A）高等教育 ………………………… 97
　　　a）达卡高等研究院 ………………………… 97
　　　b）达卡大学 ………………………… 101
　　B）人文教育和研究 ………………………… 105
　　　a）战略上的不可或缺 ………………………… 105
　　　b）来自行政方面的配合推动 ………………………… 109

第二章　技术教育和专门教育 ………………………… 115
　第一节　技术教育和职业教育 ………………………… 115
　　A）初等教育和高级初等教育 ………………………… 115
　　　a）初等教育 ………………………… 115
　　　b）高级初等学校、种植园和筛选中心 ………………………… 118

B）殖民地的高等教育 …………………………………… 122
　　　a）威廉·庞蒂学校：法兰西－非洲文化之家 ………… 122
　　　b）医学院：文化重心 …………………………………… 126
第二节　专门教育 ……………………………………………… 127
　A）针对特定阶层的教育 …………………………………… 127
　　a）"高等"阶层 …………………………………………… 127
　　1）被遗弃的混血儿 ……………………………………… 127
　　2）望族之子 ……………………………………………… 130
　　b）平民阶层 ……………………………………………… 133
　　1）穆斯林阶层 …………………………………………… 133
　　　*殖民者的强制意图 …………………………………… 133
　　　*融合策略 ……………………………………………… 135
　　2）成人 …………………………………………………… 136
　　　*成人教育课程 ………………………………………… 136
　　　*基础性的教育 ………………………………………… 138
　　3）年轻女性 ……………………………………………… 140
　　　*入学目标：妻子、母亲和基督徒 …………………… 140
　　　*致力于殖民大业的女性：奉献的妻子、开明的母亲、能干
　　　　的合作者 …………………………………………… 141
第三节　一个战略举措：教师队伍 …………………………… 145
　A）组建一整套教师队伍是必不可少的 …………………… 145
　B）服务于殖民行动 ………………………………………… 148

结　论 ………………………………………………………… 153
注　释 ………………………………………………………… 167
参考文献 ……………………………………………………… 195

本书常见的一些法文缩略语

A. E. F.	Afrique équatoriale française 法属赤道非洲
A. N. C. I.	Archives nationales de la Côte d'Ivoire 科特迪瓦国家档案馆
A. N. S. O. M.	Archives Nationales-Section Outre-Mer 法国国家档案馆－海外属地部分
A. O. F.	Afrique Occidentale Française 法属西非
A. R. S.	Archives de la République du Sénégal 塞内加尔国家档案馆
B. D. S.	Bloc Démocratique Sénégalais 塞内加尔民主同盟
B. O. C.	Bulletin officiel des colonies 殖民地官方文档
Doc. Franç. (La)	La Documentation Française 法国档案出版社
E. N. F. O. M.	Ecole Normale de la France d'Outre-Mer 法国海外属地师范学校
E. P. S.	Ecole primaire supérieure 高级初等学校
F. E. A. N. F.	Fédération des Etudiants d'Afrique Noire 黑非洲学生联盟
F. O. M.	France d'Outre-Mer 法国海外属地
Gouv. génér.	Gouverneur général 殖民总督

I. H. E. D.	Institut des Hautes Etudes de Dakar 达卡高等研究院
J. O. A. O. F.	Journal Officiel de l'Afrique Occidentale Française 法属西非官方日报
J. O. R. F.	Journal Officiel de la République Française 法兰西共和国官方日报
J. O. R. S.	Journal Officiel de la République du Sénégal 塞内加尔官方日报
N. E. D.	Notes et Etudes Documentaires 档案与记录
N. E. D.	Notes et Documents d'Etudes 档案与记录
P. D. C. I.	Parti Démocratique de Côte d'Ivoire 科特迪瓦民主党
P. F. A.	Parti de la Fédération Africaine 非洲联盟党
P. P. S.	Problèmes Politiques et Sociaux 政治与社会问题
R. D. A.	Rassemblement Démocratique Africain 非洲民主召集运动
R. F. S. P.	Revue Française de Science Politique 法国政治科学杂志
U. G. E. A. O.	Union Générale des Etudiants de l'Afrique Occidentale 西非学生总同盟
U. P. S.	Union Progressiste Sénégalaise 塞内加尔进步同盟

前　言

本书是笔者博士论文《法属黑非洲殖民时期（1817—1960）的教育制度：以塞内加尔为例。一份围绕法国战略的历史和政治社会分析》的简略版。该论文共1090页，于1989年1月9日在巴黎索邦大学答辩。

在巴黎七大博士导师皮埃尔·福杰罗亚（Pierre Fougeyrollas）的悉心指导下，该论文得到了校方和学界的肯定。随后，它也多次在法国国际广播电台的《非洲大陆的记忆》（*Mémoire d'un continent*）节目中作为特别专题播出。

自此，在众多来信、对本书的不同意见乃至朋友们的鼓励下，我决定出版此书，供更广泛的读者群参考。

*
*　*

自此，在笔者参加的讨论会中，有三类问题经常会被提到：

1）为什么我会有这种对教育领域、乃至文化问题的问题意识？

2）是什么原因促使我坚持下来对法国殖民战略的"道德征服"作一番仔细梳理？

3）研究法国殖民战略，当它不是一下子就能把握时，我们该如何切入？

法国在非洲的文化战略

对于这些问题，在我们的前言以及后面导言里，会给出三层递进的线索：一是笔者儿时所受的触动；二是非洲教育中触目惊心的危机以及寻求出路的迫切性；三是给出一些研究方法上的建议。

儿时的触动

20世纪60年代的一天早晨，学校的一个平常的星期一。我奶奶把我带到果萨（Gossas）的地区学校。那些天，一直洋溢着对不确定将来的阵阵童趣。我和小伙伴们都承载着家族的期盼和学校的信赖，雀跃得仿佛一群被碎石搅动的蚁群。老师让我们列队成排，要求我们在被点到名的时候喊"到！"，方可进入教室。而教室里，已经坐满了我们的家长和校主任。这一天，我和好友们在一起，其中有一位是莫玛（Momar）。

慢慢地，学校成了我们的乐园。两年后，莫玛被遣返回家了。理由是：无法跟上法国学校进度，是一位差生。可莫玛并非一窍不通。我们几个小伙伴一起玩耍时，他就和大家相处得很好。他既自尊又慷慨，常常热心为别人解答问题。

我们总是一起玩耍。可学期一过，他就不再和我们一起了，仿佛昨天他还喊"到"，今天就不见人了。我难受得仿佛自己身上少了一块什么。莫玛，曾经在果萨上过学，随后被劝退。他父母殷切的期待一下子被冷却了起来。他们既没有条件，又拿不出道理来说服儿子继续学业。我实在无法理解学校，因为它总是跟我们声称"会照顾每一个孩子"。我总是在想：学校，怎么能这么对我的伙伴？

这，便是我童年时的触动。它早早埋下了我后来研究社会、教育问题的种子。

一个严峻的现实

今天，不管是非洲的政治领袖、企业家，还是当地的家长、校领

前　言

导，抑或是国际有名的专家和组织，都会一致同意这么一个现实：黑非洲，或者所谓法语黑非洲，有着全国性的教育体系危机。这一切，仿佛60年代非洲国家刚独立时一幅幅美好愿景在25年间全部幻灭：

> "（……）对教书育人的激情；学生对学校的盼望；学校，是发展的动力，是个人奋斗、培育公民胸怀和平等意识的阶梯。"[1]

我们要清醒地认识到，今天的问题，无论对执政者还是民众来说，都不再是幻灭时的沉痛，而是这些愿景失败后的忧思。有某些东西，在某个环节上出了问题。我们想知道……教育的出路到底在何方……

下面的三个事实，既不容忽视又无法掩盖，会以不同方式贯穿我们全书：

- 社会层面上，有着教育体系无法适应黑非洲现实的情况；
- 教学和架构层面上，有着越来越大的教育失败；
- 在整个国民经济层面上，毕业生没有出路。[2]

这种状况，在非洲政府部门公开承认其政策失败之际，便更显得让人揪心了。我们不妨听听塞内加尔教育部长在法国教育部提议下撰写的一份集体报告：

> 在塞内加尔，人民和教育是一种病态关系。公众的感受是：我们的教育体系出现了危机，不再适应现代社会的需要。局面哪怕不至死水一潭、甚至短时间内的断裂，起码也正朝着这个方向滑进。而不管从政府角度，还是政治上、工会上的反对角度，每一天我们都会看到一些对教育目标完成不力、教学硬件发展不全、教育改革（尤其是中等实践性的教育）、失学率、毕业生找不到

出路等的批评。总而言之，学校无法满足我们的需要。³

迫切的必要性

我们已经有过多少回专家会议、改革方案、改进教学手段了！所有的这些，都无果而终！显然，什么都没有实现。前进不了的人，甚至还拒绝前进！我们的现实，非常严峻；前景，容不下一点乐观。不过，情况之迫切，问题之广泛，不能再听之任之，而是要立即采取措施。我们要马上行动起来。也就是说，我们要推出一套战略，构想一套解决方案。

这样看来，难道我们不应借此机会把目光投向过往，剖析法国在黑非洲的殖民战略？倘若我们考虑到今天非洲大陆上的学校在本质上来说是之前殖民学校的延伸，那么细察法国的殖民教育战略，便该是一条合情合理的研究路径了。

就目前而言，我们先介绍本书的研究对象：从政治、历史社会学的角度，研究法国殖民时期在黑非洲、尤其是在塞内加尔的教育战略。稍后，我们将会提到选择塞内加尔这个前殖民地的理由。

我们现在要做的是鉴别、分析、把握法国殖民者的战略。他们的战略，渗透在行动的点滴之中。因此，战略便成了整个行动方略及每次具体行动的要点主轴。从这个意义上来看，研究殖民战略固然同时牵涉到我们的反思、筹划和行动，但战略（stratégie）更多地强调前面两者，而具体的策略（tactique）则强调后面第三者。战略，规定着整套要付诸实现的体系。它的第一要旨在于，定义那些最根本的关系以及勾勒出随后的步骤。

从广义而言，我们可以得出：战略，是一整套为了完成某个总体目标的理念、概念、理论要点、路径要点的和谐集合。

我们同样可以看出，我们所希望达到的社会目标，恰是本研究所着眼的内涵：通过研究黑非洲当下牵涉各方（包括家庭的、政治领袖的、职业人士的、各机构和专家学者们的）的教育问题、乃至文化问题，找到一个更明确的方向和更妥当的方案。

我们该如何入手？

如同政治或外交领域，或者如同在管理或国防领域那样，围绕殖民战略问题，我们起码要在反思、研究、鉴别问题和分析问题等几个方面把握四个方法论要点：

第一，"凡事皆有因"，一切行动都有其意义，因此我们应了解战略的必要性：为什么我们恰恰采取这种战略而不是另外一种？这要求我们对所有的战略意图作全面的分析。

第二，意图和目的往往不是那么一目了然地被人把握到的。很多时候需要我们细心把握，有时甚至要反反复复。因为这需要把握住所有的分寸，了解所有适当的条件以便勾勒出战略的轮廓。在这个框架里，策略性的元素（行动、事实、方法乃至论调和缄默）会对我们的战略研究有帮助。

第三，从以上两点，我们便可以得出战略的轮廓，明确其内容。于是，我们便进入到了鉴别战略的环节。

第四，只有完成了这些步骤，即完成整个目标的一半工作量之后，我们才能开展对战略本身的分析，理解其行动，评估其行动结果。

以上的这些，便引出了下面"导言部分"为读者梳理的主题：法国殖民者在文化领域的殖民战略是如何一步步形成的。

导　言

要深入理解法国在黑非洲的文化战略，我们应从三条主轴入手：殖民这一事实本身、后殖民时代法国和非洲的合作政策、殖民时期的教育政策。

前两条主轴将会是以后学界的研究和出版重点。在这里，我有一些心得要分享。

法国在黑非洲的殖民，本身就已构成一种重大的文化影响。殖民地也自然把自己定位成一场文化行动的发生地。于是，殖民长官洛朗提（Laurentie）的一番话便切中了其定义：

> 无论其政治地位如何，无论其与宗主国的联系如何，在本质上来说，殖民地是这么一种国家：一小部分欧洲人君临到文化和习俗均有所不同的大部分当地人面前。这一小部分欧洲人以其物质上的巨大优越性，同时也以其长达数世纪积累下来的宗教理念、艺术活力、科学和哲学的思考方式共同营造出的一种社会形态所带来的自信，对当地人施加以力量对比悬殊的影响。这一小部分欧洲人的影响很容易扩散。就其本性而言，这个群体是非常扭曲的……仅仅凭借殖民，他们便让当地的风俗大受影响。而这些新来的人，其言其行，至少在表面上看来让当地人将信将疑。[4]

法国在非洲的文化战略

于是，在法国殖民部署方面，相关机构和人员便应花大力气致力于教育。殖民的方方面面，其实也就是一整套教育框架：对行政体系的塑造，对工业和商业的垄断，对经济及社会关系的逐步商业化，对一种新消费模式的鼓励，对社会和文化产出的发展。所有的这一切，都有其明确的目标指向，包括文化影响。

与此同时，法国殖民时期的合作政策是理解当下法国在黑非洲文化影响战略的重要参照资料。该政策在其整体方向上是一致的，直到今天依然是法国不同领导部门的共识。它尤其旨在"强化（法国的）文化资本"，进而在该战略地区"彰显法国的影响"。以下便是蓬皮杜就任法国总理期间在国民议会就该合作的核心导向发表的一番有名的言论：

"合作政策，乃欧洲19世纪扩张政策的延续。这种扩张政策的标志，便是幅员辽阔的殖民帝国的建立或扩张，或者是欧洲在广大地区的经济和政治影响力（……）"

随后，蓬皮杜坦承：

"（……）合作政策，也有政治上的理由。这是显而易见的……因为，当前那些发展中国家成了许多工业化国家的竞争场所。假如无视这一点，那么我们不是目光短浅，便是过分谨慎（……）"

最后，蓬皮杜阐明了法国要确保其语言和文化输出的必要性，特别是那些它曾经施加过影响的国家：

导 言

"我补充一点,在合作问题上,相互了解、相互理解,进而使用同一种语言,是非常重要的。我们优先和这些法语国家进行合作,再平常不过了。"[5]

然而,法国在黑非洲部署最细致、持续影响最大的文化政策,在其教育政策。以下本研究将讨论这第三条主轴。

法国文化战略的必要性从何而来?

事实上,法国的殖民及历史利益之关键,到了这么一种程度:针对教育领域,法国所采取的策略是让一种常设的专门机构负责有关方面。殖民总督卡尔德(Carde)认为:

"尤其是学校,需要承担繁重的教育任务和责任。首先,它一定不能和当地的信仰和风俗有所龃龉。它应尝试去驯服当地人,让他们看到利益和(法国的)好意。它应让当地人懂得,我们法国人想法之纯正和不偏不倚。它应努力建立一种共鸣,让当地人不知不觉地对我们的建议言听计从,以我们为榜样。"[6]

由此,殖民教育政策便应建立在殖民长官茹贝冷(Jubelin)在1829年所述的三个主要方面:

"让当地人掌握知识,熟悉法语,让其在学习我们语言的过程中了解一些最基本的概念;激起他们对我们法国产品和生产的兴趣;每年都设置平台,让有望日后成为当地精英的年轻人露相;向当地人阐明、而且无声无息地渗透欧洲文明的基本要素。这一切便是我们这个新机构所结出的果实。"[7]

我们从这里可以把握到，法国对殖民地的社会经济政策蕴含一个更广泛、更重要的根本性维度：教育措施。这是因为：在旨在彻底扰乱殖民社会的背景下，施以道德影响的殖民政策便至关重要；在地理空间的征服之外，应补充上一种能带来社会、政治效益的道德征服。以下，我们借用学者夏尔涅从战略角度给出的定义，即：

"对当地人民的征服；在当地制度内部，形成某种独立体制；直接参与到当地的对抗中。总而言之，为了打破当地社会的政治秩序，殖民者便应在当地人的心目中营造出一幅多种合法性相互冲突的形象，刺激人们对传统归属的疑惑，把多种（国家或其它类似国家的）结构共存的局面转化为信仰间的冲突。为此，（殖民者）要因应不同族群、社群的情况制定不同的策略。这种对当地的征服不仅仅是武力上的，而且还是深入人心、直抵道德的（……）"[8]

如此一种宏大和明确的战略导向，可以归纳成以下一个问题：如何在确保法国的殖民统治之际，能让当地受统治的人赞许殖民统治之不可或缺？这种提问方式本身，已经预设了一场关涉平衡的竞技。我们大可以认为，这场竞技非常微妙。它传递出殖民者的苦心。而社会教育政策，尤其是其学校教育这一环，便恰好体现了这番苦心。从这个意义上来看，殖民意识形态的理论家茹·哈赫曼（Jules Harmand）的一番话，便有了几分道理：

导 言

"在所有事关统治的问题上,摆在统治者面前最为尴尬棘手的一个,便是当地人的教育问题。"[9]

诚然,细察黑非洲的殖民史,尤其是此处要讨论的塞内加尔殖民史,我们便可以了解到:武力征服一个民族,占领他们的国土,开发其资源和禀赋,把当地人降为强迫性的劳作者,在当地人中散播分裂(比方说,1946年之前的塞内加尔,就给一小部分当地人予以法国公民身份),强加一些法律和机构于他们之上,诸如此类;而被征服的当地人,将在一段时期内承受、并服从这种殖民统治;可最终,当地人将质疑这种统治、并奋力推翻它。让当地人永远臣服于殖民统治,或者说是让他们在内心体认到殖民体系的不可或缺,让他们感到这种统治并非一种暴力统治,而是一种"为他们好"的现象。凡此种种,均需要靠学校体系来实现。这么高要求而且颇为微妙的任务,需要落实一整套非比寻常的战略。对此,殖民当局相当清醒。比方说,下面这段法属西非(Afrique occdientale française,简称 A. O. F.)殖民总督茹·布热维耶(Jules Brévié)1930年在法属西非议会上的讲话,便表露无遗:

"这项在当地社会的教育大工程,形式何其多样,措施何其深入,影响何其持久,绝不是单单几个统计数据便能了事的。我们要有很明确的理念,有清晰的步骤,有懂得反省、臻善的襟怀,有有章可循的纲领,有向前看、不为年终收支和预算左右的勇气。"[10]

这项重大工程必然预设了一全套殖民教育战略。该战略建立在以下三个因素的均衡关系中：一套指导原则，一个教育结构，以及落实政策的具体措施。[11]

一时不容易厘清的现实

我们研究碰到最根本性的难点在于，法国殖民教育政策的战略并不是那么显而易见地表述出来，因为：具体的事件既多又繁，且殖民时期长（自 1817 年在塞内加尔圣路易创设第一所小学算起，直到 1960 年法国黑非洲殖民地独立），而法国本土的管理团队又总在变化，加上殖民地负责落实政策的行政高官均有其自己的看法和门路，当地人又不总是无动于衷，法国自己国内和殖民的指令又很多变，国际形势总有新情况。

要指出的是，学界之前对这方面的研究不乏带有闪光点的成果。它们都是细致的局部之作（细心选取特定人物，或特定时段，或某一类材料，或某种研究倾向），为后面的研究提供了学术兴趣点，也是研究的参考著作。[12]

然而，前人所没有涉及的，是在概念上入手、站在整段殖民史（1817—1960）的高度来梳理。这番梳理，将重构（凡是重构，其实都是一次重新审视和定位）、厘清及剖析法国殖民教育政策的战略。

站在前人肩膀上，剩下来要做的是：

1）透过所有法国官方文本，解读出里头的基本思路、并将其浓缩成一根线；

2）收集、记录各个具体事件和措施，对其一一分析，衡量其在何种程度上贯彻了主线的精神；

3）回溯该主线主导下所有时期的事件、措施，而且各方面的情况都应纳入考量；

4）研究法国殖民管理团队的思想，回溯各时期的行政措施；

5）任何时候都不应忽视法国殖民方面对时势作出的指令及其影响。这便要求我们同时留意法国本土及国际形势的变化；

6）最后，每一个步骤都应细察关键问题，指出弦外之音。

唯有努力认识上述几点，我们才能把握、重塑、阐述及分析法国殖民政策的略。在下文的研究中，我们将从社会科学的角度对该战略作理论、认识论、方法论上的分析。

法国的战略形态

由上可得，法国战略的理论导向便可从以下几方面来把握和阐释：

1）首先，我们要厘清该战略的基本导向原则框架。这些原则，将具备以下特征：它们能够反映出法国殖民政策的特点；其次，阐明这些原则将有助制定具体的殖民政策；再者，它们应较为宽泛，可以让殖民者适应不同形势的变化。为此，我们举出三个宽泛的原则：行政集权原则（centralisation administrative）、同化原则（assimilation）和功利原则（utilitarisme）。

2）在这些原则及具体需要底下，建立和维持一套稳定的教育体系，便至关重要。这套体系应留有不足，进而有日后改进的空间。可这种朝积极方向的改进，却又只应在十分必要的情况下才予以实施。从这个意义上来说，该教育体系应有一定的层次区分，而且应是实践性的。[13]

3）最后一点，要有持之以恒的行动来贯彻政策。这些行动应根据具体的殖民体系阶段和"当地社会的演化程度"来定。

法国在非洲的文化战略

这套三驾马车式的战略——一整套适应性强的基本原则框架，一个开放而稳定的机构，一个坚定执行又很灵活的行动——便带出一个策略性的贯彻原则：渐进原则。事实上，考虑到殖民统治的发展和当地社会的发展程度，在实际执行时，该原则和殖民教育政策的战略导向多有近似之处：教育机构应根据当地社会、经济的发展情况进行渐进式管理，这便意味着一种适合当地人的教育政策。同理，这种管理应体现出当地社会的文明程度（1946年以后，人们转而用"演进程度"一词），让人可以评估到该政策对学校影响的程度。

而我们之所以选取塞内加尔作为研究法国殖民教育政策的样本，主要是基于以下几个理由：

• 由于塞内加尔是法国在黑非洲殖民帝国最长时间的殖民地，因此它便是战略上殖民势力进入非洲大陆的桥头堡；

• 恰是在塞内加尔出现了法国在黑非洲的第一个官方教育机构，而且这里的殖民教育得到了其他非洲地区无法相比的发展；

• 最后，倘若我们以教育资源的地理分布重要性和体系来考虑的话，塞内加尔以其早在1817年创办的圣路易学校、任命让·达尔（Jean Dard）为校长，[14]在质和量上领先于其他地区。事实上，法国在塞内加尔创办最多学校。在我们下面的研究里可以看到，恰是在塞内加尔集中了殖民地高等教育（特别联邦学校）、中等教育（值得留意的是，于1922年设立的殖民地技能证书对应于法国的中学会考，在此之前三年，塞内加尔成了圣路易中学）的主要机构。还有一点是，法国在塞内加尔建立了高等教育体系（自1948年先后创办文科、法律科和理科。而在1950年，在创办了达卡高等研究院，该机构随后于1957年转变为达卡大学）。

我们的研究将包括两大部分：

1) 第一大部分包括对法国殖民文化战略的内容进行鉴定和分析。第一章会讨论前述的两大原则：行政集权原则和通话原则。第二章讨论功利原则。

2) 第二大部分将从教育体系各部门构想和具体组织形式的历史沿革入手，讨论殖民战略的政治、社会因素。第一章将讨论普通教育，即初、中、高等教育。第二章将讨论职业技术教育，即殖民地初等和高等职业技术教育。与此同时，在这一章我们还会讨论特殊教育，该类型的教育主要针对一些特殊群体（被遗弃的混血儿、该地望族首领的后代、穆斯林、缺乏知识的成年人、女孩及教师）。[15]

第一部分
对殖民战略的鉴定

第一章　行政集权原则和同化原则

第一节　行政集权原则

A）殖民教育行动的沿革：从非国家倡议到国家包揽

法国波旁王朝复辟期间的扩张政策可以概括如下：从拿破仑在欧洲征战的失利进入到殖民霸业的辉煌。事实上，拿破仑穷兵黩武后的挫折把法国拖入了一个沉痛的境地，经济奄奄一息，世界强国的民族情绪也一度低落。此时，法国便要谋求提振国民士气和重振经济的策略。为此，复辟期间的统治者便在殖民扩张方面下令调整其政策导向，以便和工业化的经济需求及重塑法国的世界形象相适应。

在这种形势下，根据1814年《巴黎条约》，英国归还给法国其于1792年起在非洲西部的领地，这便构成了一个影响随后法国复辟时期殖民政策的重大事件。[16]

恰是在这个时期、这种背景和这个政治导向底下，法国在非洲的殖民教育政策逐渐成型。

从黑非洲自身的历史来看，19世纪无疑是欧洲殖民列强入侵的世纪。可细察历史后，我们便能在欧洲殖民国家中发掘出它们的战略共通点和战术上的不同点。

从战略层面来说，每个殖民国家都要在最短时间内、最有效地确

第一部分 对殖民战略的鉴定

保其在地缘、经济上的扩张,尤其是在亚洲和非洲的广大地区。这样的国家意志,对应着资本主义商业和工业阶段的发展需求,无一例外地体现在每一个殖民列强那里,哪怕它们要为此进行激烈的争夺、甚至到最后发展成世界大战那样的戏剧性局面。在这个意义上来看,殖民列强间有着战略上的共通点。

可是,从战术上来看,每个欧洲国家却要采取与其自身面临的具体历史事件相适应的行动,并符合其自身的殖民构想。从这个意义上来看,我们又可以说,每个殖民国家都有其战略特点。因此,在下面对黑非洲、尤其是塞内加尔的研究中,我们将尝试在理论上来分析这种特点。

事实上,每个殖民国家都采取了因应其自身传统的教育和行政管理纲领。与此同时,它们又力图适应现实的迫切需要。因此,既然每个殖民国家都有着自己的一套教育构想,那么它们的行动方案便不尽相同。在这个意义上说,法国学者鲁维尔(Louwers)教授在国际殖民学院第 21 次会议上提出的分类便非常贴切。这种贴切,既有史料层面的,也有认识层面的:

> "一方面,有着我所说的国家方案,也就是国家承担全部教育方面的管理和实行工作。换句话说,这是一套国家主义及鼓励民间积极性并存的政策表述。这意味着国家创设并负责维持一定数量的学校,同时它又大大鼓励民间自发的配套行动。总之,鼓励民间积极性这一表述是主要部分,办学还在其次。这套表述,也是比利时和英国的表述。"[17]

从历史的角度来看,我们大可以认为:法国在塞内加尔的殖民教育政策，除却起步阶段的犹豫未决，可以归纳到国家主义及鼓励民间积极性并存这一表述中。我们接下来便要梳理该政策的历程。这番历程并不是那么显而易见的。

就在塞内加尔设立第一所官方殖民学校之际及其随后的头几年间，法国本土的中央管理部门似乎对殖民地的社会、教育政策不太上心。诚然，法国官方已经感受到了该政策的必要性。可它的发展却并不显得特别紧迫。

"法国本土的中央管理部门一开始打算把教育问题搁到一边不理。当时的解决方案似乎就是，只要殖民程度足够深，塞内加尔及其周边便会稳稳妥妥地落入法国的势力范围，顺理成章地告别伊斯兰主义。而殖民长官舒马茨（Schmaltz）于1816年的指示中一个字都没有提到教育。"[18]

在当时，这样一番置之不理似乎有其道理。事实上，倘若致力于提高殖民地产出的战略在意识形态上补充了法兰西文明的扩张话语，那么这套话语强调的却是通过劳动和传教收到道德教化的成效，而非透过开设学堂。劳动和传教，在其灌输个人奋斗观念、积极性和道德纯洁方面，在当时被认为是推进文明进步的关键因素。因此，随着法国在塞内加尔的殖民地节节扩大、进而稳固了其深入非洲大陆的跳板，同时鉴于法国优先对佛得角半岛或对整个塞内加尔河谷的农业殖民需求，法国人必须在当地"原始人"中强调劳动作为一种教化功能的重要性。

与此同时，巴黎的殖民部门总盘算着"推广法兰西文明"，因此在塞内加尔当地推广基督教。而在圣路易、果雷（Gorée）、达卡，一

第一部分　对殖民战略的鉴定

个数量可观的基督教群体在此之前便早已形成。在这方面，法国各部门给舒马茨长官的指示便明确无误地表明，宗教，包含了：

"（……）法国官方在非洲大陆的民众中建立新机构过程中最大的好处。圣路易岛的多数居民均信仰基督教，这可以通过他们和周边地区人民的关系，推广基督教。而基督教的道德之纯洁（在这里，部门的指示带着几分路易十四时期重臣鲍修衷（Bossuet）的腔调），将有助于教化的推进，淳化当地人的风俗和性格。其影响，我们可以保证，一定比致力于和平和其他民族福祉的基督教还要可贵！"[19]

这种把相当一部分殖民教育行动划归到民间（在此处，是宗教团体）的方针，将逐步让位于一种新方针。这种新方针提出，殖民教育的发展乃法兰西在非洲开化大业最有效的推动力。舒马茨长官就是其主要倡议者之一。自他于1816年在塞内加尔上任以来，这位有备而来、积极坚定的行政长官便对殖民地的情况有了一个全面的分析。为了制定一个短期、中期的全面殖民计划，他向法国有关部门提出一个更为重视农业开发与教育推广的行动纲领。部长对此深以为然：

"我很赞同你将殖民计划与在当地人民中推广基督教脱钩的说法。现在还不是在塞内加尔推广基督教的时机。用劳动和推广基础教育的方式，比用不成熟、甚至铤而走险的传教方式，会让当地人更好地接受基督教。像在圣路易的成功经验那样，依靠互助教学，基础教育将会很快普及开来。"[20]

然而，国家并没有兑现这些纲领所展望的成果。事实上，自 1819 年起，制定与落实教育发展方针、并把它着重视作一种道德征服的手段，从原则上和从事实上看，都不是塞内加尔政府经手的事。实际情况是，哪怕我们不了解哪些是具体推动导向变化的人，异常活跃的宗教团体却与当时尚在摸索中的政府教育部门形成了竞争关系。[21]

从政治的角度来看，倘若一场冲突牵涉不同战略，那么我们就要分析这些不同的战略所依据的内在逻辑。其实，前述的国家主义原则并不排除民间积极性。我们甚至可以断言，新的政策导向反倒鼓励了这些民间宗教组织的活动。这看似矛盾之处（这一点常常被研究法国殖民教育政策的学者所提起，但不太有人会去剖析）可以从以下几个因素那里找到解释：

• 法国波旁王朝复辟后对殖民地机构的管理逻辑，乃一种"占领－扩张"、排除其他欧洲列强的逻辑。按照这种逻辑，由官方出面致力于殖民地的福祉或道德征服，抑或是留给民间力量，这对殖民者来说都无足轻重。最关键的倒是，这些措施是由法国人来贯彻落实的，它们将服务于法国的殖民政策；

• 然而，法国当时教会的道德力量及教会在教育部门的重要影响自然会推动法国在其海外属地履行基督教的开化任务；

• 这么看来，教会便是一个有着自身结构和组织效率的机构。而且，教会有很多资源，可以很快调动起大量人力，落实对当地的道德征服纲领；

• 再者，如前所述，塞内加尔的主要机构有着相当一部分基督徒，他们中的一部分人掌控着某些经济命脉，也支持宗教团体的活动；

• 此外，和基督教中保罗服从世俗权力（因为所有权力都源自上帝）的箴言相一致，教会会保留和巩固自身利益，不去与法国政府进

第一部分　对殖民战略的鉴定

行正面冲突。

综上所述，19 世纪以前，宗教团体实际上履行着法国殖民教育行动的具体事务。教会不放过任何一个机会钻空子，哪怕是用一些道德上不大能去谴责的手段。因此，教会可谓对自己在塞内加尔的能耐和声望很是清醒，它便不时对当地教育作出一些有霸道倾向的行动。像圭蒂切利（Guidicelli）这位塞内加尔教区的修道院长，便当着圣路易互助教育学校校长让·达尔这么有行动力和名望的人的面，和盘托出教会在教育方面的搅局、霸道的意图。我们不妨看看教会的人是怎么说的：

"教育不应由无能的人来管理。试想一下，达尔先生能够在巴黎纵乐的时候还置若罔闻吗？这位我不曾认识、也不知其过往、但曾一度支持其出任公职的先生，不仅不知羞耻地和一个女人同居、并有了孩子，[22] 而且还忙于中饱私囊，不是忙着贩卖二手货、在法塞两地间倒卖，就是忙着开服装店赚钱，而不是一心一意地履行其职责。

在这个达尔先生受殖民长官舒马茨手下制约时，在我举荐他出任圣路易岛唯一一个教员之前，他还不敢向学生索要什么好处。可他一成了这个岛上学校的教员，便每个月对学生都索要两到四古尔德（货币单位）不等。好几位学生家长已经向我反映，有四位学生已经在一年里给了他六百法郎之多的赃款。这里头情况之严重，甚至到了我离开塞内加尔之时，至少一半学生选择退学。

而第二个学生退学的原因在于，达尔先生没有在课堂使用法

第一章　行政集权原则和同化原则

语，而是为了练习当地语言，居然在对着学生讲起了沃洛夫语来！（……）

（……）倘若当时我对该校情况有一点点了解，就绝对不会让他待在殖民地！"[23]

要指出的是，假如教会有这种底气去指责当地殖民政府的高官及学校领导，那么恰是由于教会对自己的能耐及背后获得的支持了然于心。事实上，教会势力在1854年费尔赫布（Faidherbe）到任前，比看上去它对法国海军部所能施加的影响，还要强大。于是，自1837年起，眼见殖民地的教育状况节节下坡，海军部长主动提出要振兴塞内加尔的教育。我们可以把他的方针归纳成以下一句话：支持由国家出面的教育改革，但也以宗教组织参与这场改革为必要前提。

而据海军部的说法，宗教组织参与殖民地教育的振兴计划，是确保计划执行所必不可少的（也就是说，民间宗教组织之有效，连法国本土的高官也不得不服）。也正是宗教组织这方面的原因，殖民长官索雷（Soret）必须沿着这些组织的方向采取行动，因为国家部门的指示无非只是形式上的：

"固然，一些教育改革已经见效，可现在圣路易学校的状况依然有许多需要改进的地方，例如公立教育，尤其是混合班级里男孩的教育。对殖民地来说，宗教团体的参与会带来非常有效的改革保障。我们必须得承认这一点。"[24]

如此一来，凭着政府部门毕恭毕敬的态度以及自身牢不可破的地位，宗教团体便揽起指导普及教育的任务，填补起官方的空白！有些

第一部分　对殖民战略的鉴定

时候，宗教团体也钻政府部门的空子来行事……直到19世纪末，或者具体来说，至少直到19世纪中期，宗教教育都一直藉由这种教育导向而大举发展。

B) 对原则的审视

a) 一个传统原则

在这个时期以前，殖民教育战略的大方针一直是国家主义和民间大规模的自发行动并进。固然，国家的主导和权力不能缺席。然而，殖民教育的具体指导、管理和实践都很大程度依赖于宗教团体。这种局面，在随后国家权力介入教育领域之际，有了逐步的变化。于是，之前民间扮演的重要角色慢慢被国家所取代。从这里，我们可以认为，民间团体的教育角色，起一种补充、支援性的作用，而又不至于式微到被完全排除在外。而国家，从这一时期开始，则在所有教育领域起到领导和落实教育行动的角色。

这种新导向体现出一系列指导性原则。在这里，我们要仔细分析：

- 作为一种行政组织结构的集权化原则，
- 作为一种目标定位的同化原则，
- 作为一种解决殖民开发中所碰到问题的功利化教育原则。

但在分析它们、以便界定它们在社会历史中的演进及具体内容前，要留意两点：

- 一方面，如我们将在下面看到的，这些原则会在不同形势底下具有不同形式、不同表述；
- 另一方面，在"殖民地纯粹服务于法国本土利益"的思路底下，这种新的教育战术导向符合法国的殖民目标。

第一章　行政集权原则和同化原则

在此之前，已经有学者提到了法国教育政策的行政集权原则，尤其是19世纪末以前的行政集权原则。[25] 其他学者也留意到这一现象，不过没有予以分析。有学者甚至认为，法属西非的教育经费预算由各个殖民地管理，似乎确实意味着殖民地有着行政上的高度自治！[26] 由此，学界对殖民地教育集权化现象的社会、历史分析便提不起兴趣了。然而，我们却认为，对该现象的分析，既有史学上的价值，也有法国行政制度（殖民地制度被视作和整个法国行政制度相关联的一部分）的社会分析意义。而且，我们也可以透过研究法国殖民的行政制度特点，看清楚它与其他欧洲殖民列强的不同之处。

事实上，假如我们从历史和政治社会学的角度分析，我们便能认识到：集权化，其实是整个法国旧制度以来国家和行政制度发展的重要一环。早至托克维尔、晚至最近学界对法国行政制度的社会、历史分析，均印证了这一点。

托克维尔认为：所有的社会组织，均具有依照其最初时奠定的某种模式而不断适应、自我调整的能力。和达尔雷斯特（Dareste）与谢茹尔（Cheruel）[27]一样，托克维尔指出：行政集权并非诞生自法国大革命。在这一点上，他甚至以某种政治宿命论的口吻说：

"倘若说集权并未随大革命而消失，那么它本身就是这场革命的开端及其表征。而且，我要补充一句，当人民捣毁掉贵族阶级，人民便会对集权趋之若鹜，仿佛集权是自己的一部分。而在其内部，所有权力都指向整齐划一。要想把这些权力划分开来，这可需要不少智慧。"[28]

而且，法国大革命本身也有着强化行政集权的迫切需要。它

第一部分　对殖民战略的鉴定

"（……）在革命后的废墟上又紧紧抓住了集权，随后还重新树立起集权（……）表面上看，革命前后是两个天地。而前后的内在本质却一直存在。政权有生有灭，行政体系却萧规曹随。"[29]

行政部门的集权化，或者说是由一个作出所有关乎国家重要决定的决策机构所牵连的全部，那便是前述行政集权原则的内容。在众多研究法国行政制度的史学和社会学著作中，有两位学者（Pierre Legendre 和 Hekking）提出：自法国大革命以来，集权便是法国"国家常态"的根本原则之一。[30]

b）法国涉非政策方面

有了前面这些论述，我们便能更好地把握法国本土对殖民地的集权化管理。而法国相关部门及对殖民地统称的更换，便充分体现出法国本土与海外省（outre-mer）关系的历程。

最初，法国的领地被视为商业领地（comptoirs commerciaux）。[31]随后，它们又被视为一套机构集合体（conglomérat d'établissements）。这一切，直到19世纪上半叶，均委托法国海军部管理。

而在这以后，在第三共和时期的1884年，这些领地又划归殖民部，标志着法国对海外属地的再度重视。更进一步的是，第三共和国随后任命了一个副部长到隶属于殖民部的殖民地（财政大权也曾一度赋予到当时塞内加尔在法国议会中的代表布莱思·迪亚安（Blaise Diagne）那里）。要指出的是，法属西非和法属赤道非洲隶属法国政府直接管理，这既没有推翻，也没有更改一直以来的行政集权原则。事实上，殖民长官都听命于法国中央政府对殖民政策的方针，以及由中央政府来监督政策的具体落实情况。

不过，说到殖民地的教育，概括地来说，殖民长官实际上拥有对教育模式和方针、领土安全、财政上缴的裁量权。用学者威廉·柯亨的话来说，殖民长官可谓是"不带权杖的皇帝"。[32]

类似地，第四共和期间，法国也没有对行政集权原则进行大幅度修改。随着1946年第四共和宪法规定法兰西联盟（Union française）后，法兰西帝国（Empire français）便形式上寿终正寝，而"殖民地"这一概念也失去了法理上的含义，让位于"海外属地"（territoire d'outre-mer）。从殖民者的角度来看，"海外"（l'outre-mer）一词囊括了所有在法国议会、行政部门有法理代表的政治实体，同时这些实体又同属法兰西共和国。行政上，依然是法国本土对它们进行集权式管理。它们由一个光听名字便能略知一二的部门管理：法国海外部（F. O. M.）

因此，从行政等级的角度来说，殖民地总督位于整个殖民联邦的最高处，但他们所采取的政令，必须要考虑当地团体和地方官员的意愿，不至于和他们发生龃龉。这些总督负责落实法国本土所下达的方针、导向，尽管在具体落实的时候有某种程度上的分权。从法理和事实上来看，总督更像是一种法国本土下放的权力，而非一个因分权而设立的机构。

而殖民地内部的自治（根据1956年6月23号的法律框架），以及随后在第五共和国设立的"法兰西共同体"（Communauté）（1958年），这些都是法国形式上殖民统治的最后阶段。尽管殖民地在第四共和国设立的当地议会及在第五共和国设立的制宪议会下增进了不少政治独立性，可它们依然在行政上服从法国本土的行政集权管理。像由法国本土派出的法属西非和法属赤道非洲高级专员（Hauts-commissaires），便让殖民地总督的头衔打了几分折扣。

第一部分　对殖民战略的鉴定

像殖民时期的前塞内加尔议员、后任首位塞内加尔总统马马都·迪亚（Mamadou Dia）在其《回忆录》中提到的，殖民时期的某种政治半独立状态，深刻体现在当地政府无法彻底管理行政这一点上，尤其是在警察、维持治安及情报等方面最为明显。[33]这种状况在1958年法兰西第五共和国宪法的第十二章中得到了阐明。[34]虽然该宪法的第77条写明：

"在本宪法规定建立的共同体中，各成员国享有自治权，它们自行治理并民主地自由地管理它们自己的事务。"

但这些所谓"自己的事务"，却被清晰地界定。相比之下，由国家管理的事务便大大扩大。所谓自由的行政体系和民主的管理，这些都不过是法兰西共同体背后逻辑的遁词：

"共同体的管辖范围包括对外政策、国防、货币、共同的财政经济政策，以及有关战略物资的政策。
　　除有特别协定外，共同体的管辖范围还包括对司法的监督、高等教育以及对外运输和公共运输与无线电通讯的一般组织。"

此外，宪法第80和81条分别确保了共和国总统代表整个共同体以及在各成员国派驻代表。

c）教育政策方面

哪怕只是简单勾勒，前面对集权原则所适用的社会历史背景分析，无论是在法国本土抑或是在其殖民地与本土的关系方面，均能让我们着手观察这条根本性的集权原则是如何在法国对黑非洲殖民这个大背景、如何在塞内加尔这个具体背景中作用到教育领域的。

直到19世纪末,或者确切说是直到1903年,我们可以认为:殖民教育的导向大大取决于海军部以及随后殖民部的直接或间接影响,这些部门手握大权,可以对总体教育政策以及相关事宜的管理进行干预。如当时巴黎大学文学系殖民部秘书兼教授福瓦德伏(Froideveaux)所言,行政集权的情况是:

"教育方面,也正如其他方面,法国本土对殖民地的行政管理构成了整个殖民行政体系最有力的一环(……)。

在总秘书处的第三办公室那里,殖民教育的事宜,无论是从小学到大学教育,还是初级师范学校,抑或是教师团队,甚至包括植物园,这些统统都是第三办公室才有能力去处理的问题。而该秘书处的第二办公室,则负责殖民地学校的事宜。"[35]

然而值得留意的是,在殖民地教育方面,殖民部的提议需要公共教育部的真正参与,方可落实,尤其是涉及到教师团队[36]和审定教纲方面。

"在我们看来,哪怕只有殖民部提出建议,也需要两个部门一起合作,处理教育问题。事实上,殖民部所需要的公务员是公共教育部所提供的。他们不是负责各海外殖民地的教育,便是负责中等教育。这些暂时脱离法国本土框架的公务员,却依然隶属公共教育部。他们常拒绝殖民部给他们提供的好处,倒是想什么时候回公共教育部就能回去。"[37]

第一部分 对殖民战略的鉴定

这里顺便要指出,在 19 世纪末,秘书处的第三办公室无非仅负责相关两部门间的协调工作,以便提供教师团队:

> "可要知道,由于形势需要,这个第三办公室曾经在组织殖民地世俗基础教育时起到了重要作用!几年前,它却停止像最初构想的那样去发展了。如今,它充其量只是殖民管理部门间的中介角色。殖民部门提出人员的需求,公共教育部便兑现这些需求。"[38]

柏林会议后的十年即 1895 年,法国已经巩固了在西非的扩张所得。它明确了其领地的行政架构政策,正式设立了法属西非(即前述的 A.O.F.)。而 1902 年 10 月 1 号重组法属西非政府的法令,则更进一步,强化了殖民政府对各地的管理。像法属西非的总秘书和各殖民地的将军兼长官均需听命的殖民总督,便越来越像是一个分权的职位设置,哪怕巴黎依然掌握着殖民方针和负责落实监管。我们将会看到,这样一种对行政集权原则进行适当调整、可谓一定分权的变化,会对殖民教育领域产生影响。

事实上,在 1902 年 10 月 1 号指令的第 7 条条文中,殖民总督鲁姆(Roume)便下令各殖民地的将军兼总督立即启动教育组织架构的重组方案。要指出的是,塞内加尔殖民将军兼长官卡米·吉(Camille Guy),这位曾在大学任职的官员,在 1903 年法属西非议会上以全体长官的名义向殖民总督递交了一份简要的报告。该报告让大家意识到,在整个法兰西联盟里,教育方针的制定缺乏集权化,管理步调很不一致。简而言之,这份报告在肯定已有努力的同时,强调如下一些缺陷:

第一章　行政集权原则和同化原则

"在缺乏统一领导和共识的情况下，所有这些本身很有价值的尝试，到头来却只有很一般的结果，哪怕我们不能说它们全盘失败。我们甚至可以认为，有多少所学校，便有多少个课纲；有多少个殖民地，便有多少套方针！"[39]

正是由于这份 1903 年 10 月 15 号的报告（连带这份报告的，还有三份指令方案），经法属西非议会通过，殖民总督鲁姆于同年 11 月 24 号下达了 806 号指令，旨在创立一个在整个西非地区统一的教育管理机构。这份指令便构成了西非地区的教育章程。在同样的思路底下，殖民总督还在同日分别签署了有关创立非洲教师队伍和欧洲教师队伍框架指令。在该指令的第 3 条中，殖民总督在任命和分配教师人员上有直接权力，无论是公立抑或是私立学校：

"殖民总督负责所有职位的任命。他根据各殖民地的实际需要和预算，负责分派隶属法国本土公共教育部框架的工作人员。"[40]

如此一来，从行政组织的角度来看，1903 年的这次决议给了塞内加尔两方面的好处：教育上的和行政上的。

事实上，在这以前，塞内加尔便已经有了一个相当重要的教育基础。当地的教育水平、开设的文凭种类都比整个法属黑非洲其他地方要高、要多。作为殖民总督的所在地，塞内加尔的状况似乎也启发了后来 1903 年的决议。而且，塞内加尔的地位，也让其在随后决议的贯彻执行之际获得近水楼台的便利。顺带指出，在随后一份法属西非警署向 1922 年马赛全国殖民博览会（Exposition nationale coloniale de Marseille）递交的报告中，殖民总督毫不含糊地肯定塞内加尔的情况：

第一部分　对殖民战略的鉴定

"该报告由塞内加尔的将军兼长官起草。它应该可以适用于这个已经有了不少学校的老殖民地。然而，它以新的方式超过了之前达到的教育水平！"[41]

此外，对塞内加尔来说，1903年的决议有着行政上的好处。前述鲁姆指令涉及教师队伍的第4条和第7条明确了殖民地在整个法兰西联盟中的行政地位：

"欧洲的教师队伍包括：一个师范学校的负责人，同时也是整个法属西非教育体系的负责人；一个塞内加尔教育体系的负责人；（第4条）

塞内加尔教育体系负责人的收入由法国支付，按其等级，获得从5,000到6,000法郎不等的收入。此外，他还有1,000法郎的差旅补助。

而师范的负责人，则按其等级，获得从6,000到7,000法郎不等的收入。而差旅补助择优1,500法郎。"（第7条）[42]

总的来说，法国对塞内加尔教育政策的某种分权式管理（尤其是1903年的决议）在其整个殖民地的教育管理中开了先河。1913年，法属西非教育管理处（Direction Générale de l'Enseignement）成立，同一时期，还成立了教育监管处（Inspection Générale de l'Enseignement）。1950年，法属西非的第一个独立学院成立。成立该学院的决定，刚好是法国要落实推进当地高等教育之际，即创设一个行政上隶属于巴黎大学和波尔多大学的达卡高等研究院（Institut des Hautes Etudes）。随后，在1957年，该研究员成为了达卡大学。此外，为深化和组织学术研究，法属黑非洲学院（Institut Français d'Afrique noire）于 1938 年成立。自此，有关当地人文和自然两方面的学术研究便得到长足发展。为整个法属黑非洲而设立一个高等研究所和一个位于达卡的研究中心，这其实也是塞内加尔殖民教育政策的重要一步。我们稍后在第二部分里将再次谈到这一点。

有了这番梳理，我们可以认为，前述我们所作的分析有助于揭示行政集权是如何在不同历史条件下作为一条根本性原则指导塞内加尔、甚至整个黑非洲的教育架构的。行政集权，意味着法国作为殖民者的殖民意志及其具体行动方向。在这个意义上来看，我们前面所说的国家主义和鼓励民间自主性的二元辩证关系，可谓是以国家为主要方面。

同样，像法属西非这一组织的设立，又像随后它带来的某种行政分权，均没有从根本上动摇法国对殖民地的行政集权原则。相反，法兰西第三共和时期的这些殖民举措倒是在当地世俗化和反对神职人员的竞争中强化了这一集权原则。像殖民长官卡米·吉在其倾向于当地教育完全世俗化的报告中，我们便能看到：

> "从最近的调查可以得出，宗教教育即使在过去有其贡献，在本质上也无非是一套教条灌输，无法回应现代的需求。毕竟，过时的教学方法无法开启孩子们的智慧。另一方面，宗教团体的教育，哪怕显得再中立客观，也难免会惹起当地信奉另一宗教的那批群众反感。我们大可以认为，穆斯林隐士之所以成功（有种种证据可以表明），恰是由于他们懂得利用这种宗教上的竞争，让学校无法取得像我们法国茹·费里（Jules Ferry）所倡导的中立特性。"[43]

如此一来，国家便必然地要主导殖民地的教育措施、制定其具体内容。权力从中央下放到法兰西联盟的层面，也就可以解读为一种法国本土行政管理的进一步理性化。而事实上，地方政府在具体决策时取决于联盟政府，联盟政府又得对法国本土中央政府负责。这种状况，一直持续到殖民地取得形式上的独立为止。

在这里，我们可以提一桩轶事。1914 年，布莱思·迪亚安被选为代表塞内加尔的议员。他，便是法国同化政策的坚定支持者。在他看来，学校恰是扮演这种同化政策的最佳角色。为此，他努力争取塞内加尔有一个更高的教育水平。在同一时期，研究塞内加尔教育的学者乔治·哈代便是整个法属西非的总监。他更倾向于在群众中推广基础教育，因为，在他看来，非洲的"道路"，便是一条让其成为欧洲附庸的道路。[44] 从这个意义来说，哈代便站在了迪亚安的对立面。而这位作为议员的迪亚安，他很好地融入了法国本土的权力中心，总是向殖民地引入一些受殖民总督赏识的官员。而与这些殖民总督，迪亚安都有着很好的人脉。有学者在 1922 年 3 月 22 号法兰西共和国殖民大会这么提到哈代：

"尽管有许多行政人员的重重阻挠，我还是成功创设了学校……最近，却出现了一个不好的苗头（即哈代的著作，《两条道路》）。这个苗头，其实是想让当地黑人在自己的圈子里活动，而不让其进入法国人的生活。因此，我已经呼吁要遣返哈代了！"[45]

第二节　同化原则

A）法国传统和殖民悖论

a) 一个历史原则

到此为止，我们已经分析了行政集权原则底下法国国家主义和鼓励民间积极性并存的实践。接下来，我们要分析第二条原则：同化原则。

首先，断言法国政策是对当地人进行同化，在今天会被看作是人所皆知的常识。而我们又总是把这简化为让一群非洲小孩学唱"我们的祖先是高卢人……"这样的象征性场景。事实上，涉及到这方面的话题，至少在研究殖民地教育政策方面，学界的研究都流于表面。[46]

然而，这个问题却远为复杂。以下，我们将回顾历史上法国在殖民地同化政策的特点。随后，我们将细察同化原则在黑非洲及塞内加尔具体落实时所采取的不同形式。在细察过程中，我们将一一辨析出不同历史形势底下的具体因素。

法国的殖民扩张政策总是鲜明地有着要对其他民族进行社会、文化同化的目标。像法国历史学家米什莱（Michelet）就在其《世界历史导论》(*Introduction à l'histoire universelle*) 中归纳到：

> "喜好征服，是我们发动战争的借口。对这一点，我们自己都不清醒。然而，我们这种要将自己文化推广开去的特点确实是最狂热的驱动力。法国人总想把自己的民族性强加到被征服的民族之上，但这不是因为别的民族接受了法兰西的特性，而是因为，法国人觉得自己的特性是至善至美的！这，便是我们法国人的幼稚之处。法国人总觉得，让世界变好的不二法门，就是向世界输出自己的观念、习俗和风气！法国人手握利刃，让别的民族归化。而在争斗后，我们这些自己都晕了头脑、还要好心好意的法国人，便开始向其他民族道出成为法国人的种种好处了。"[47]

在18世纪，受法兰西民族形成时的领土完整、行政集权和道德统一意愿（当时人们由衷地认为，"法兰西，乃教会的长女"）启发，杜

第一部分 对殖民战略的鉴定

尔哥便宣称要对法国海外属地的当地人"传播基督教和培育出巴黎的风尚"。而殖民总督寿维（Chauvet），这位法属赤道非洲高级行政官员费里希·艾布耶（Félix Eboué）的继任人，更是勾勒出行政集权原则和同化原则在整个法国殖民理念中的联系：

> "在法兰西第二帝国时期，才有了宪法条例对殖民地立法的集权管理，才有了首批文件提出逐步同化当地人的原则，提出当地人在法国公民身份的地位问题。这种立法上的集权关乎某种程度上的行政分权，关乎逐步对当地人进行同化、最后使之成为法国公民。而在具体历史上，立法集权的这两大原则，在1946年以前、甚至到1956年都没有怎么再被动摇过。"[48]

b) 殖民同化政策：一个社会、历史悖论

仔细分析，我们可以发现法国殖民同化政策的社会、历史悖论体现在两大方面：

- 第一方面是在地理空间和经济上的。事实上，一个国家一旦被征服，那么它便是不能让别人染指的法国领土。一件属于我的物品，就是我存在于自然中的一种延伸。同理，一片属于法国领地的土地，就是法兰西在法国之外的一笔财富。于是，同化，便必定是顺理成章和囊括全局的。正如费尔赫布所言："塞内加尔，这就是法国在西非的体现！"[49]

- 第二方面是政治和文化上的。事实上，这些国家被法国占领或武力征服，变成法国领地，但里面的当地人，却不是一下子就被视为法国人的。在殖民者看来，法国公民和法国文化可谓是一种名份，要通过层层攀升方可获得。这些攀升的过程便包括接受学校教育、移接法国风尚、为殖民利益服务等途径。因此，同化，便自然是渐进和个人的。在这方面殖民决议可谓既严格又细致，而1944年3月7号法令中第3条的条款更是表明：

"达到21岁的穆斯林法国男子符合以下条件时，可以被称为法国公民。

他们可以和其他非穆斯林公民一样具备候选资格，参加同样的选举：

——前军官；

——持有高等学历、中等学历、高等证书、初等证书、当地学校毕业学历者……；

国家、省、市镇的公务员或相关人士，从事固定指定行业或在法令规定的条件下工作人士；

国家骑士兵团、解放兵团成员，获得军事勋章、抵抗勋章者……"。[50]

倘若我们对同化策略的表述是贴切的，那么它在具体落实殖民政策时却有诸多不一致的地方。殖民总督寿维的观察，可谓到位：

"除了摩洛哥，我们都设立了从被保护者地位'演变'到法国公民地位的过渡。也就是说，我们铺垫好了渐进同化的基础。然而，我们并没有从这些基础得到应有的结果。一方面，我们从来没有同化每一个践行法兰西风尚的人；另一方面，像在塞内加尔或其他地区，我们又对一些依然保留自身私人地位、传统风俗（尤其是多妻制）的当地人，给予法国公民身份。"[51]

第一部分　对殖民战略的鉴定

随后，寿维继续说：

"我们对这些法兰西老殖民地给予省级法律地位，但却没有采取必要措施让它们从经济和社会上融合到法国，反倒加重了它们经济和社会的不公。最终，我们于1915年在阿尔及利亚推行早在塞内加尔推行的错误同化路线，还美其名曰'融合'（intégration）。我们把法国公民的身份大量地给与了一些依然保留自己地位和习俗的阿尔及利亚人，但却没有把这种大规模同化政策奉行到底，没有设立必要的行政架构，没有履行原定的经济和社会改革。对造成的后果，佯装不闻。"[52]

B) 重中之重：有限的同化与不断拓展的诉求

c) 对殖民教育政策中一些原则的重视

在塞内加尔、乃至整个黑非洲的殖民教育政策导向方面，同化思路，既体现在其政治、行政管理原则上，又体现在具体操作时碰到的尴尬之处上。这套思路背后的哲学其实很简单，就是"法国肩负着向落后民族传播文明的历史使命"。像殖民长官茹贝尔·德尚（Hubert Deschamps），这位和殖民政府高层密切接触的法国海外属地研究专家，在1953年的一番话便道出了殖民同化目标的历史使命：

"在这些新的殖民社会里开展教育，是我们的根本任务。我们要把这些社会引领到同化的道路上来。"[53]

与此同时，他也力陈这种使命的必要性：

"1938年，我便有如下主张：企图去束缚当地人，或说想把他们永远定格在幼稚状态、愚昧时期，这些想法都是错的。我们这些欧洲殖民列强，也许是无意或不自知，已经肩负起这些落后社会的教育大业了！对此，我们要以好老师作则，（在当地）培养出像样的欧洲人。"[54]

无须赘言，在整个殖民意识形态与道德征服中，在学校里落实同化教育是其重要、甚至可谓关键的一环。我们甚至可以认为，学校乃观察落实同化政策的最佳平台。这套同化政策的目标就是要培养出像样的法国人。因此，在塞内加尔的殖民政策便很大程度上以法国为中心了。在这种背景底下，在学校开展法语的传授，便成了最有效的意识形态与道德征服手段之一。换句话说，传授法语，是殖民地教育措施的重头戏：

"在当地人中首先要开展法语的传授工作，以便界定好每个人的国籍。这项工作应让当地人具备最低限度的基本知识，以便他能获得更好的物质条件，能有一个面向法国文化、西方文明更接纳的思维。与此同时，我们还应让当地小孩习得文明社会应有的情感、规章和道德习俗。"[55]

然而，假如说教育机构是观察殖民同化政策的试金石，这种政策却也同时暴露了其尴尬之处。事实上，法国在整个黑非洲、尤其是塞内加尔的殖民教育政策有着内在无法与其殖民政策调和的矛盾，即：推广法式思维、道德模式的努力与当地法律、政治习惯两者间的对立。联邦殖民学校中有着当地最优秀、最能接近法国文化的小孩。但这些学校的教育方针，便恰好反映出这种矛盾。事实上，用保罗·德萨曼（Paul Desalmand）不经意的话说，当地学校、尤其是威廉·庞蒂学校

第一部分 对殖民战略的鉴定

（Ecole William-Ponty）的教育方针，从根本上就是要"让学校法国化，却又不旨在培养法国人"。这么一种方针曾一度遭到当地学生及殖民官员的反对。从威廉·庞蒂学校的正式报告来看：

> "殖民官员的意愿倒是希望一种全方位的同化。要在农村和城市颁发同样的学校文凭。同样的价位，同样的衣着，甚至同样的内心世界。"[56]

这，难道不是同化政策框架中一条冠冕堂皇的要求吗？可恰是在此处，出现了殖民政策的逻辑矛盾。在这个报告里，殖民当局居然又打出排斥当地人的牌：

> "我们必须要堵住这条道路，不能让当地人变成一群没有传统、没有规则、没有平衡的人。我们不能陷入这种困境。我们要他们自己拒绝一种不费力气的提拔，让他们好好地待在自己的社会，推进这个社会。我们要让当地人能在殖民地带得起头，而不是区区一张嘴脸。这么一种构想可谓大胆：不让当地人轻易获得晋升，从而吊起他们胃口，让他们发自内心地向往我们这个文明的力量（……）。"[57]

如此一来，这种大胆的排斥，就是让塞内加尔、非洲当地接受法国教育的知识分子张开双臂拥抱法国文化，仿佛这是他们自己的文化。但同时，这些知识分子基于自己利益、当地历史条件，又只好被迫要承认法国文化对当地文化的排他性（承认这套文化在殖民体系中有着诸多社会、习惯上的好处）！……

第一章 行政集权原则和同化原则

客观来说，殖民当局所构想的那种同化政策，已经有了它自身的限度、对自身的否定。在这个意义上来看，殖民当局想通过法国培养的当地知识分子让当地人接受的那种"法属非洲的文化"，便成了法国殖民同化政策中的矛盾之处。[58]

由此，作用于创建的殖民学校之上的战略思路，便是接近当地人、对其施以最强的影响、但又不至于将其同化等这样几个步骤。我们随后将探讨这些步骤背后的功利原因。而根据1903年决议的"乡村学校"（école de village）便体现出这套既施加影响、又不至于同化的思路。

> "法国人的目标，其实是要和当地尽可能多的人直接接触。乔治·哈代便称，乡村学校，它们的作用就是驯化当地人的机器，就是传播法兰西文化的工具。学校的设置，便应围绕这两点来进行。进入该学校，可不是通过筛选，而是要尽可能面向大众的孩子。凡是村里的小孩，都要来学校上学。"[59]

而且，入学乡村学校，是学生的一种义务。行政人员要用一切办法，哪怕是强制手段，达到这个指定结果。哪怕事实结果从来为让人满意思过，哈代就曾以这种口吻来说：

> "凡是村里的小孩，都要来学校上学。至少，对配有学校的乡村来说，这是一种义务教育。但这种强迫式的义务，并非以法国海军部门前张贴重犯者这样的强迫方式，而是要通过校方的坚定立场以及有关人员的声色俱厉。"[60]

第一部分 对殖民战略的鉴定

除了这种在当地年轻人中大规模普及教育、企图留下法国文化烙印的策略外，我们还要看到一种全方位的拒斥策略。乡村学校，更关心学生的数量，而远非质量。可在殖民者眼里，"成为文明人"就是当地人"有进步"、融入法国的明证。因此，乡村学校的设立，就不是明确指向融合的。这条教育政策口号，可谓是"让尽可能多的学生接受最基本的教育"。

> "由于我们更看重收生数量、而非收生质量，同时也由于我们的老师没办法教那么多孩子，我们的折衷办法便是：对孩子上学的总时段进行缩减。每年，我们都会更换三分之一、甚至一半的学生。"[61]

自然，这批经过精心选拔、有了"进步"的精英，让人很是放心。事实上，

> "精英中的好学生，我们会送到地区学校。而所有这些学生，我们和与之建立联系，让他们了解我们的想法。"[62]

b）当地人对同化的诉求：公平和公正

法国的殖民同化政策有着一套自相矛盾的论述。在实际操作上，殖民者最多只盘算如何尽可能维持自己的统治，而非将当地人纳入一个平等权利和地位的体系中。可在理论上，平等却是一个要达到的目标。

于是，大多数深谙此道的塞内加尔知识分子就把殖民者的话用作自己的抗争武器：要求一种真正的同化！[63]这场平权运动，在一战前

已有萌动。而在二战末，它已经明确被提出。到了 20 世纪 50 年代，更是吹响反殖民运动的号角。那时，塞内加尔政坛上的所有人物 [从布莱思·迪亚安到桑戈尔及马马都·迪亚，再到咖兰都·迪乌夫（N'Galandou Diouf）、拉明·杰耶（Lamine Guèye）、易卜拉欣·塞都·道（Ibrahima Seydou N'Daw）、哈梅·苏·特雷马克（Hameth Sow Telemaque）、巴耶·萨尔茨曼（Baye Salzmann）]、所有政治组织（SFIO、PSS、BPS、MDS、RDA），所有这些在两次大战之间成立的首批塞内加尔学生运动组织，均赞同这种诉求。

比起其他地方，塞内加尔对公正、平等权利和地位等同化诉求更强调在法理和历史中寻求反殖民的理据：例如，1872 年以后"四市"（Quatre Communes）拥有和法国城市平等的权力；自 1871 年塞内加尔有了在法国议会的代表，且于 1914 年首次有了来自四市的当地黑人代表，布莱思·迪亚安，随后又称为法国政府的要员；由于是法属西非联盟的总部所在地，且学校及文化设施已有一定基础，加上其本身和法国本土的商贸联系一直就很频繁，因此文化和精神生活较其他地方更为活跃。

当地人对同化的诉求，恰体现了法国殖民者殖民政策的自相矛盾。众所周知，殖民者和当地人的利益在本质上来说是你死我活的。殖民统治及其维系，就是要一直置当地人于被殖民者的状态。倘若当地人用起殖民者的术语试图争取权利和公正，那么法国人煞费苦心的殖民政策便有某些不一致的地方。法国人何苦要提出一些自己不想兑现的可能性？这便是殖民者要面临的问题。

事实上，这场诉求蕴含着对殖民利益的质疑，往大里说，是对整个殖民体系根基的质疑。往深里说，它质疑了法国对殖民地的主权，历史性地赋予了非洲人采取行动、开始管理自身事务的能力。

第一部分　对殖民战略的鉴定

法国本土的殖民当局意识到当地人的这种同化诉求后，便转而采用"拉拢结合"（association）政策。这个拉拢结合政策可谓是同化政策的顶替品。然而，法国的官方论述却把结合政策与同化政策区别、甚至对立起来。像同化政策那样，结合政策也声称是出于好意，出于罗兰·柯林所谓的"人道家长制"，[64]这也是两次大战期间的大环境。我们且看殖民长官布热维耶是怎么说的：

"对人性更透彻的洞察，对自由更准确的体认，这些是我们殖民者最常体会到的事情。对殖民者来说，当地人就形同一个无力自理的小孩，他要先进行一定的学习，不可操之过急。而此过程当中，让他慢慢在已有的制度和习俗下进步。随着这些进步，我们要小心翼翼地将其提拔到可以与我们进行合作的地位。在吸收当地人这问题上，我们要用潜移默化代替之前的大步流星，要用合作政策取代同化政策。"[65]

用比较的眼光观之，这套合作思路在本质上居于以下两者之间：一方面是英国、葡萄牙、比利时对当地人的区别演进政策，另一方面是法国之前的同化政策。在两次世界大战期间，法国殖民当局考虑到黑非洲当地人参与一战的"血汗税"（尤其要留意到布莱思·迪亚安积极推动的"参战"号召），认识到当地人日益高涨的意识，于是便像模像样地摒弃了之前荒谬的同化政策，转向新的合作政策。但这样的政治选择其实也着眼于同化，着眼于同化背后所蕴含的种种算盘：当地人之低人一等、法国殖民统治之必要、教育之重要。官方的指令是很形式化的：

第一章　行政集权原则和同化原则

"在'合作'成为我们要达到的目标之际,而且在教育成为我们达到这一目标的手段之时,这些涉及种族的政策将逐步把零零碎碎的当地社会引向一个统一的集体。这个过程,固然需要时日,但最终却是殊途同归的。我们在摒弃同化政策后,却留了一扇门,让当地人可以通过努力、攀升至我们的地位……"[66]

这种合作政策带来了对一小部分当地人的严格筛选,目的便是要赋予他们一个被同化者的地位,成为法国人。于是,像拉明·杰耶或桑戈尔这些在"四市"外出生、进而按规定被同化成法国人的当地人,便能在两次世界大战期间出任法国政府相对重要的职位,例如法官或中学教员。

然而,作为整个殖民思路的根本组成部分,合作原则和同化原则一样,都不露声色地一直存在,直到殖民地取得独立:

"第二次世界大战以后,一切都变了!法国本土已经筋疲力尽,非洲人却组成工会,支持登场的新势力、新思想。哪怕有几次反复,殖民世界毕竟是彻底回不了头了。

第一个退出历史舞台的,便是殖民教育体系!殖民者赖以为据的原则均被抛弃,而且还要付上沉重的代价。法属西非的教育体系必定会向法国体系看齐"(……)**

在这些原则里,我们可以挑出这条同化原则。在殖民者看来,同化可不是为了什么平权、减少或消除不公。合作原则也一样为人所诟病。法国 1946 年的宪法便废除了"当地人"的提法,殖民地也成了法国的海外属地(或者是海外省),也就是法兰西第四共和国的一部

第一部分　对殖民战略的鉴定

分。法兰西联盟公民及法国公民的法律地位，被赋予到所有殖民地中。

由此，法国人便不能再反对向法国本土教育体系看齐的诉求了。在法属西非，自 1948 年的新教育体系重组便是备受殖民的殖民教育体系中制度调整的新一步。按这种决议的调整思路，塞内加尔（及整个法属西非）的教育体系将比以往发展更快。稍后我们还会回到这一点上来。就现在而言，我们先给出这种演变的轨迹：

• 由于各中等城市开设学校，六年制初等教育便有了一定程度的发展。其初等教育证书（Certificat d'Etudes Primaire，简称 C. E. P. E.）对应于法国同等学历的证书；

• 随着高级初等学校（écoles primaires supérieures，简称 E. P. S.）陆续被改为现代学院，殖民地的高等教育也有重大进展。一些补充课程便是旨在给初等教育带来一些实践性的高级课程，让中层干部得到更好的培训。

• 同样，一些现代学院陆续在全国各地或其他地区（达卡、圣路易、高拉克（Kaolack）、蒂耶斯（Thies）、莫布尔（Mbour））开展。像鲁菲舒（Rufisaue）、茨金首赫（Ziguinchorhe）和塞比科坦（Sebikotane）女子师范学院，以及圣路易技术学院，这些都一一开办。而在原圣路易的费尔赫布中学、达卡的范·霍伦霍温中学、巴马科中学基础上，则创建了达卡莫里斯·得拉佛斯技术中学，用于招收不同国籍的学生。

最后要提到的亮点，是 1948 年开始正规化的高等教育，以及 1950 年建立的达卡高等研究院。随后，它又于 1957 年成为达卡大学，不少职业导向的学院都转而隶属于这所大学。像非洲行政研究院（Institut d'Etudes Administratives Africaines）、经济与法律研究院（Institut des Sciences Economiques et Commerciales），便就划归该校的法律与经济系底下。而为中等教师资格备考的一些学院（instituts de préparation aux enseignements du second degré），则规划到文学和理学系底下。

总之，百分之百将当地非洲人同化的策略，逐渐在法国殖民者的思路中淡化。既然目标是要巩固法国在非洲各个层面上的殖民统治，那么与其将非洲人"打造"成法国人，还不如努力培养出一个"受到法国化的非洲人"（Africain français）来得现实。这，便是法国同化政策的精髓：在法国元素的基础上，在黑人的土地上建立法属非洲的机构。亨利·戈蒂耶（Henri Gauthier）在国际殖民大会上便说：

"法国可不要一些似是而非的欧洲人。法国要的是利用这些人，要让这些人感激法国人没有使之灭绝，进而爱上法国。而且，还要让这些人走进法国的语言、思想、才气，不是一下子全部掏空自己，而是从原文化中慢慢蜕变（……）。你们要使每一个法兰西国旗下出生的小孩，既是非洲大陆或岛屿上的一分子，又有着法兰西的语言、思维和使命。"[67]

行政集权和同化原则这么落实后，它们便应和功利原则相配套。在下一章里，我们将分析这条涉及法国黑非洲殖民战略的关键原则。

第二章　功利原则

第一节　长达整整一个世纪的调整

A）　功利原则的思路历程

a）第一个提法："绝对的经济至上"

前文对同化原则、尤其是该原则涉及合作的新提法，让我们得以窥见殖民教

育体系的功利本质。用乔治·哈代的话来说，殖民教育体系乃"驯化、传播法兰西文明的工具"。

在教育导向上，功利主义是最常出现在学界论述中的核心原则。然而，直到目前，学界对功利主义尚没有就其本身来进行讨论。因此，我们接下来便要剖析法国在塞内加尔、乃至整个法属西非官方话语中所隐含的诸种功利主义元素。

自然，法国在黑非洲殖民地教育中的功利导向不是什么秘密：在整个殖民体系中，所有机构都围绕着殖民来服务，要对其"'有用"。因此，殖民者要考虑的问题便是：从法国本土利益出发，殖民地教育如何在短期和长期中带来回报？最必要的功利考量是根据哪些具体战略利益而作出的呢？

细察这么一种功利主义，我们便能发现两大理念。第一，严格意

义上的经济至上。第二，附带出的人道动机。在法国的官方话语中，人道方面的理由总用来论述教育的必要性。而经济至上却往往附带多种面孔，有时是经济指令，有时也会是政治和行政上的要求。

经济至上论认为：殖民地的存在，无非就是为法国本土的经济和政治服务。在这个意义上，殖民地便被视作殖民者的一份企业资产。而法国中央政府，便要绞尽脑汁巩固殖民者的地位。

在这样的思路下，在柏林会议界定非洲各殖民地的边界后十年，也即法属西非成立之际，殖民部长寿唐（Chautemps）便对其部下说：

"殖民地应有益于法国本土。固然，这不是说要以上贡的形式。我们不能用这种形式，而应扩大法国在当地的经济和政治影响。像殖民长官、法官、各级行政人员、各地官员等，这些都不过是手段。而商业，才是最好的手腕。所有的行政都应围绕着商业来展开。我们的殖民地管理，就是要尽快围绕这个目标来设计。"[68]

如果说殖民地是法兰西自己的一笔财富，说法兰西要使之欣欣向荣、进而收获果实的话……中的标准又是什么呢？法国人该如何利用好当地人？在经……民者便应考虑到当地人的脾性，尽可能多地……勒耶（Félicien Challeyre）在论及……也可以推广到整个黑……

……的种族。在这里，……尽是最荒谬、最粗

鄙的迷信（……）事实上，这些人在算术上很不在行。他们总是笃信迷信，不愿意相信对自然现象的科学解释（……）结果，他们也没法理解我们像物理、化学、生物这样的实验科学。在没有任何传统、任何好奇心的情况下，他们无法体会到历史的效用和美感。我们大可以对他们重复相同的话、相同的语句，他们永远都没办法理解个中深意。他们的虚荣心好像因此就高涨起来，但思维却依然狭隘。他们平平无奇的智力，无法接受我们传授的科学知识和理论。"[69]

在这种天生就有缺陷的心理和智力状态底下，我们还能指望向非洲黑人灌输一种跟欧洲人看齐的教育吗？不容多解释，非洲人是原始种族，而相对的欧洲人则有着教化他们的历史使命。对这问题的回答是很明确的：

"我们没有办法给予刚果年轻人和欧洲人同样的教育。妄想人人生而智力、道德上平等，这太过荒谬了。以为种族与种族的差异仅仅是受教育方面，那就大错特错了。社会学家孔德（Auguste Comte）就曾说：'死人比活人多，因此是死人推着活人走。'我们不应忽视天生、自然环境和社会制度的差异。适应欧洲人的教育，绝不使用于非洲人。"[70]

那么什么样的教育才符合这些既自知、又了解殖民者需要的当地人？已经很明确，这些人的心智无法学习现代科学文化知识。然而，作为人类学家、殖民政府官员的夏勒耶却也认识到：当地人身体力行，可以习得某些习惯。因此，殖民者便要根据这样的特点来制定教育内

第一部分　对殖民战略的鉴定

容。夏勒耶这么写道：

"（……）和其他种族的人一样，这些当地人也会习得某些习惯。教育，可以让他们获得两种习惯：

1）肢体上的习惯可以用来更好地作用于物、服务于人，例如说一些技能方面的职业；

2）一些言语上习得的习惯，如对语言的运用；（……）例如使用法语。"[71]

在实际运用中，合乎这种教育思路的课程设计便就是严格服务于一套可以满足殖民者经济需求的实践内容。从这个意义上来说，殖民学校的必要性，其实就在

"让尽可能多的小孩获得职业或农业教育，让一部分小孩掌握法语。这些，便是唯一我们可以做的教育善举（……）"[72]

自此，唯有一套带功利目的、可操作的殖民教育方能适应法国的殖民需求。因为

"（……）当地的气候无法让欧洲人从事体力劳动，于是当地人就显得不可或缺。在种植园，我们需要务农的人；在城市，我们需要务工的人。那么，我们需要的就是懂农业、懂手工业的人。唯有职业技术和农业教育方能让殖民地培养出适应当地经济发展的合格人才（……）再者，欧洲的商会需要一些合作中介。欧洲人需要当地的翻译或从事家政的人掌握我们的语言。行

政部门需要有人懂法语。因此,唯有法语的讲授才能培养出合格的中介人才。"[73]

我们可以从这段话里看出法国人的殖民理念:把人,看成动物机器!这种经济至上的构想,随后将在官方论述中让位于"怀有社会关怀"的人道功利构想。

b) 人道功利主义,抑或是隔离思想

在法国殖民者的意识形态中,人道功利主义理念从本质上来说,可谓是自相矛盾的,这可以表述如下:既要为了保证、巩固殖民者利益而不择手段,但同时又必须让这些行动符合当地人的需求。

这一点,其实早在 19 世纪初的塞内加尔就被法国殖民者意识到了。能解释这一现象的,可以追溯到当地一部分民众和欧洲(法国、荷兰、葡萄牙、英国)殖民者的早期接触。事实上,在法国王朝复辟之前,塞内加尔便已经有了欧洲人设立的商行。[74]这种一早就有的关系,显然让法国人染上了种族优越感。然而,在法国的官方叙述中,塞内加尔人似乎不被看作"最原始落后"的种族。早在圣路易和果雷的商行那里,我们可以发现有一个重要的混血群体,混自欧洲人和当地人。

这种情况的逻辑结果,在殖民者意识形态里,自然被表述为:决不能忽略殖民者自身的利益,但必须要教育塞内加尔这些早早"被发现"、且已经称臣俯首的当地人。

从这个角度来看,殖民者出于人道理由而开展的当地教育,固然理应受到鼓励,但必须围绕殖民者的利益来开展。由此,教育行动便策略性地随殖民者不同时期的主要利益而定。总的来说,这些利益是

第一部分　对殖民战略的鉴定

经济、政治或行政层面的。接下来，我们将简要指出：随着殖民政策在不同时期的演变，政策重心会偏重不同层面。

B) 多头领导的尝试

a) 法国波旁王朝复辟，抑或是殖民者的农业利益

众所周知，在塞内加尔商会重新划归法国之际，该地的经济开发指令、开化非洲的使命便交由复辟后的王权来发号。但这一旨在为当地人着想的"开化任务"，却又必须和"推进该地福祉"的大业联系起来。[75] 早自1818年起，下达到殖民长官舒马茨（身兼法国国王的总指挥和塞内加尔行政长官）、从而下达到整个殖民地的指令，便清晰地显示出这个导向：

> "政府打算，自1824年起，随着塞内加尔的发展、货物的增多，该地便可能不再依赖法国本土的财政补贴。整个长远计划，便着眼于要在当地黑人中逐步引入一个建立在自愿劳动、拥有更多文化成果、拥有更多太平基础上的文明。"[76]

在教育方面，互助教学、农业教育便是回应上述这一主线，哪怕回应得不太让人满意。

互助教学，顾名思义，便是先培养一群孩子，然后让当中学得比较好的辅导学得比较差、或是新来的孩子。[77] 这样一来，每个学生都有可能是别的孩子的老师。法国殖民者要达到的目标，其实是要用最低途径达到最快培育出法国文化的效果。

同理，在罗格（Roger）伯爵的建议以及在园艺工匠克洛德·理查德（Claude Richard）的技术指导下，对塞内加尔三角洲的改善工程便

让法国殖民当局意识到农业教育、且培养当地称职中介的必要性。当时，该地的农业发展计划意味着：殖民当局围绕经济利益而制定的人道功利理念，有了用武之地。如罗兰·柯林所说：

"罗格伯爵盼望在没有让·达尔的情况下推行互助学校，对其后继者很是支持。而农业的推广，对他而言起着教化的作用，因为新式农业就是一种教育。然而，教育还应伴有促进农业发展的措施（……）罗格伯爵甚至还筹划，将学校改建成一个文教中心。"[78]

b) 费尔赫布：领土扩张和法兰西文化的辉煌

路易·费尔赫布于1854年被任命为塞内加尔行政长官。在他到任前，我们大可以认为：整个19世纪上半叶的殖民政策都以促进当地经济的方式来巩固法国的统治地位。

诚然，费尔赫布没有忽视该经济政策背后的目标。他也很鼓励农业和商业的发展。然而，在他看来，殖民领土的占有不能有停歇，而是要尽可能地延伸到全国，乃至整个非洲大陆。塞内加尔，有别于其他殖民地，因为它应充当法国殖民扩张的桥头堡和补给地。唯有通过战争或别的武力形式，方可彰显法国的辉煌、扩大其影响力。于是，法国在塞内加尔扎根，应被理解为法国在整个西非扩张的跳板。在这种思路底下，法国每一个推进的步伐，都应带来某种突破；而每一个突破，则应巩固法国的所获、准备下一步的推进。

法国的殖民教育政策便应当在这种背景下配合上述费尔赫布的政治、行政大计。乔治·哈代便认为：

"在费尔赫布看来，学校不单纯是官方设立用以传授几个单词、而不知自己使命的地方。从根本上来说，这是一个道德培养的好地方，意在让当地人理解殖民者想法，让当地人向法国人打开更多坦途。"[79]

为了让法国更深入地渗透到塞内加尔社会，费尔赫布采取了分别面向大众和精英的策略。

事实上，为赢得当地占大多数的穆斯林群众欢心，费尔赫布在1857年建立一所位于圣路易的法语穆斯林学校。该校由世俗的教师负责主持。除此之外，他还在果雷、塞内加尔河沿岸地区（Dagana、Podor 和 Bakel）建立了类似学校。在他看来，这些学校的官方奠基仪式，也是鼓励当地适龄人群入学的好时机。

与此同时，费尔赫布的教育导向还瞄准当地的传统或现代社会精英。为此，他在圣路易建立了一所面向欧洲人或混血儿的中学。最标志性的，可谓是1861年建立的望族子弟学校（Ecole des otages）。该校随后改为望族子弟与翻译学校。

诚然，罗格伯爵也曾有让望族子弟入学的主张，可惜该主张没有坚持下来，而只是着眼原加兰王国*一带，希望日后从这里可以发展出农业种植园。[80]然而，能想到要把当地名门望族子女送到法国学校之政治、行政必要性的，那非费尔赫布莫属。哈代写道：

"在这种学校，法国殖民者既想驯化、又要适应的双重意图，更甚于其他学校。我们不仅仅要让当地精英的孩子不至于无所事事、游手好闲，不仅仅要让他们有用于社会、意识到自己的社会

---

* 位于塞内加尔东北部的加兰王国（Royaumes de Galam），于19世纪末被殖民者瓜分。——译者注

第二章 功利原则

重担，而是更要使这一部分年轻人充当法国和当地人的沟通中介。这一切，都要由法国来打响头炮。"[81]

而殖民长官费尔赫布则以其军事行动，在塞内加尔打下了牢固的殖民根基，也为随后法国在西非的战略深入奠定了基础。凭借上述的教化计划，费尔赫布盼望此举能让法国的殖民一劳永逸，因为他认为：这既满足了法国的利益，同时也有用于非洲当地人。这样，他定下来的殖民教育政策，便有着人道功利主义的色彩。1871 年便寿终正寝的望族子弟学校，用乔治·哈代的话来说，招收的都是当时"殖民长官的心肝宝贝"，这些便体现出了该功利原则。1864 年，费尔赫布离开塞内加尔。随后殖民政策的大方向，直到 19 世纪末，都是沿着他的路子而设计的。

c）从柏林会议到一战（1885—1917）：（根据 1903 年鲁姆决议设立的）行政政策下的学校

费尔赫布的目标，就是吹起法国军事征服塞内加尔的号角，打好法国殖民的行政根基，以武力或文化影响的方式赢得当地人对"法兰西使命"的体认。文教上的征服，便配合军事征服，为的是巩固当地的行政架构。换句话说，就是为了法国能世世代代控制塞内加尔。

不过确实，在费尔赫布离开塞内加尔之际，他定下的目标就已经实现了。军事上的征服，则由他的继任人来完成。那时候，法国有着对塞内加尔的战略优势。从国际环境上来说，柏林会议从法理上确认了法国在整个黑非洲的领地。在塞内加尔内部来说，1886 年在开尤王国首领* 逝世后，法国便征服了该王国。十年之后，又有法国在塞内

---

* 开尤王国（Royaumes de Cayor）最有名的首领（Damel），名为 Lat Dior，他于 1886 年逝世。——译者注

第一部分　对殖民战略的鉴定

加尔设立的法属西非联邦的行政总部。这一切，都让殖民者觉得法国人所做的全是为了殖民地好，丝毫不怀疑会有什么事件会推翻殖民者的所获。

殖民教育政策，就是这种自我感觉的一种反映。这体现出法国人意识到了殖民政策的功利导向，意识到了要想取得永久征服就必定要在当地设立机构。像以下递交给殖民长官卡米·吉的教育组织报告里，便使用了不少反复考虑过的行政术语，体现某种人道功利主义：

> "我们做出了努力，让教育能普及至每一位当地人那里。我们希望该教育是世俗化的，有着实践导向的目标，可以让每个上学的人之后都能掌握一定的本领，养活自己。"[82]

放眼法国在非洲的整个殖民史，20 世纪可谓是联邦行政机构设立最为活跃的一个关键时期。这么一种政策，由于受到欧洲行政人手不足的限制，培养当地行政人员便是自然而然的策略了。

在法属西非，任命殖民总督鲁姆是法国培养行政队伍、中介人员及让当地人适应法国人的开端。在这个背景下，1903 年鲁姆决议才有了它政治和行政上的意味。像初等职业学校的设立、达卡职业学校的发展、（如威廉·庞蒂学校和达卡医学院）联邦教育机构的设立等，这些都符合前述殖民者的要求。而这些要求，从教育角度来看，引导着教学大纲的制定和调整。

教育总监对殖民总督的教育政策积极支持。而殖民总督，也认真听取总监的意见，鼓励培养当地、乃至整个法属西非教师队伍的措施。总的来说，该地行政机构的所有部门均表达出招收本地人的愿望。教育部门也如是。据哈代的研究，在殖民总督的意见之后，教师队伍的具体录用会有一套更严格的流程。该流程，不是通过高级初等学校或更高级的像威廉·庞蒂学校这样的机构，便是通过几个完整受过初等学历教育的助手共同作出。在哈代偏理论性的《道德征服》和偏实践性的《两条道路》两部著作中，他认为当地教师队伍有一个三重目标：

● 要让这些当地教师接受法国殖民统治，并发自内心地认为这是为了他们的好；

● 要让他们相信，恰恰凭借着法国自己才是精英的一员，和其他普通黑人有所不同；

● 让他们承担共同责任，以"法兰西文明"教育年轻人的头脑。

由此，教师队伍便是法国殖民统治机构中的一个螺丝了。[83]

总的来说，我们可以总结到：从柏林会议到一战结束前，法国在塞内加尔（也包括整个黑非洲）的道德征服更偏重于巩固其原有的政治和行政地位上。于是，教育的功利导向便是依据这种形势而作出的。

第二节 两种统治的替换（经济统治与政治、行政统治）

A) 两次世界大战期间

a) 1918年安古万（Angouvant）决议：过渡到经济统治

这个长达三分之一世纪的时期（1885—1918），也即差不多一代人的时间，都是一个过渡时期。诚然，殖民教育乃该地"行政架构"的一个坚强后盾。在这个意义上来看，教育中的人道功利主义导向，有利于政治和行政上的目标。然而，在一战末，法国本土受战争拖累的经济急需振兴。这使得殖民当局调整其方针，使之与本土的经济任务相

第一部分 对殖民战略的鉴定

适应。慢慢地，法国人的殖民政策便以本土的经济建设为中心。恰恰是在这种背景底下，1918年决议下成型的职业技术教育纲领便标志着殖民教育的一个新阶段：高等技术教育。

1918年，当时的殖民总督安古万通过了一个"有关殖民教育总架构和高等技术教育架构"的决议，并通过一系列指令使之通行。这个自1903年以来最为重要的决议，其实是受一种着眼于短期的经济目标所驱使的。从意识形态上来看，它首先由一系列"新情况"所带来的人道考量所界定的。这些"新情况"指：黑非洲、尤其是法属西非对一战的牺牲与付出。因此，法国对非洲人民作为法国本土参与一战时"大后方"的感激之情，便立即把其他殖民考量摆到次要位置了：

> "在这些历史最悠久的殖民地，对当地人的雇佣，比起以往的零零星星，几成一种常态。而那些被赋予了某种特别地位的当地人，则接受了这个最高贵、同时也是最繁重的新义务。与此同时，法国呼吁非洲的当地人为本土的振兴付出汗水，例如扩大法国企业的规模，提高土地的产出。法国，又怎能无视如此厚重的奉献？怎能不在传播法兰西文明的同时，对法属西非人怀抱一种感激之情？"[84]

怀着这么一种明确的道德、人道考量，法国殖民当局便推出一套"新的社会政策"。但在剖析这个新政策前，我们却要牢记：这些人道考量，和法国殖民意识形态走过的历程格格不入。事实上，一直以来，法国殖民者都以当地人的监护人自居，认为自己有推广文明教化的使命，觉得当地人对法国人有着发自内心的感激之情！现在，法国殖民者却是头一次地反过来，要对当地人报恩。像殖民总督安古万所说的，

第二章 功利原则

这种道德上的亏欠，乃：

"（……）是长期的，我们要心平气和地接受这一事实，要对曾为法国奉献的当地人后代给予奖励。我这么说，意思是让我们必须坚定地担当起殖民地社会的进步大业，让这些曾为法国自由和权利而牺牲的人得到更高的补偿，让他们有一个更好的生活，更开化、理性的思维，让他们免受倒退、疾病、死亡的侵扰。"[85]

这套新政策的内容，自然便着眼于殖民地的经济发展，以及当地的社会进步。这种导向，带来了一系列新举措，如加大农业活动的普及、对当地医疗的援助以及普及教育。总的来说，在具体实践中，

"我们要优先履行涉及全社会利益的事务，但不是要急着一步到位。我们要建学堂、医院、产房和疗养院；要马上调动我们的资源、马上行动，来鼓励农业和教育。"[86]

可是，对这着眼于当地社会利益的行动纲领，殖民者是心里有数的：该行动必定要依赖当地人来实行，且他们当中的一部分，理应是接受过相当程度的技术教育的。

"就目前而言，我们本土还没有这样的活力从战争的创伤中走出来。而且，当地人和欧洲人更紧密地致力于殖民社会，欧洲人肩负起当地社会的教育普及和专门技术教育，当地社会由一小部分希望慢慢改变他们观念、习惯的当地精英来治理，列出来的这些，都是进步本身所应有的条件。"[87]

第一部分 对殖民战略的鉴定

于是，这种形势便要求技术教育的组织架构有一个质的改变，因为教育机构要履行其刺激经济的重任，以便能在法国殖民地、尤其是法属西非恢复法国本土经济的元气。

"由此，我们便要求政府多开设一层楼，组织制定我们所说的'高等技术教育'。我们可以加强现有教育机构的办学，也可以设立新的学校（……）"[88]

在稍后的部分中，我们将分析高等技术教育。在这里，我们可以勾勒出，1918年，旨在最短时间内培养出一批"非洲医生"的法属西非医学院成立，附带于此的还有一批助产士；同时成立的，还有法属西非农业和林业学校；而一个军医部门也隶属到医学院底下。此外，1918年的决议还按晋升比例和学制，赋予已有的联邦学校以一个更大的重要性，如威廉·庞蒂师范学校、费尔赫布商业与行政学校、皮内·拉普拉德（Pinet-Laprade）高等职业学校、海军技工学校。这个举措，旨在为公共行政部门、商业和工业部门提供合适的当地人员。同样，他们也计划加强已有在达卡或各殖民要地的科研，给予法属西非科学与历史研究委员会（Comité d'Etudes Historiques et Scientifiques de l'Afrique occidentale française）更多支持。该委员会于1915年由殖民总督克洛泽（Clozel）创立。

第一次世界大战乃塞内加尔和法属西非教育政策调整的过渡时期。事实上，在深明殖民地行政架构调整之必要性的情况下，殖民当局却慢慢意识到了提振法国本土经济的迫切性。固然，法国在1918年自信可以击败德国、并保有它的殖民地。可它的经济遭受到重创，就连殖民地的人民也受到波及。因此，提振法国本土的经济，便排在殖民地

1918 年涉及教育架构的决议，便是这种政策的反映。它体现了法国在塞内加尔和整个法属西非教育政策中偏功利、偏人道的导向。殖民当局出于道德、经济和政治上的考量，以法律框架的形式明确培养当地技术人才、扩大当地精英的必要性。这，还是头一次。

b）在两次世界大战之间："增大殖民地产出"时期

两次世界大战间法国的殖民教育政策，本质上是由殖民部长阿尔贝·索罗（Albert Sarraut）的指令来定的。他点明了随后有关教育的组织形式及其发展规划。从部门的指令来看，当地人的教育发展乃：

"战后非常紧迫的要务，既是我们的义务，也有我们的利益。"[89]

由此，殖民教育政策的功利、人道色彩便鲜明地阐述在方针里头了。而且，1920 年 10 月 10 号的指令强调教育应围绕法国本土的经济振兴方案来作调整。为此，殖民教育便应满足两个要求：

- 培养法国人才；
- 增大殖民地的产出。

用巴黎学术委员会总监、法国殖民部公共教育顾问保罗·克鲁泽（Paul Crouzet）的话来说，影响这一方针的有以下因素：

"一方面，殖民地人民为法国的胜利作出了贡献，我们便应为那些曾经为我们卖命的人提供更好的生活。另一方面，战后的

第一部分 对殖民战略的鉴定

经济条件迫使殖民地要加快经济发展，这便必定需要更广泛、更有针对性的教育。"[90]

1924年10月10号的指令浓缩了殖民长官阿尔贝·索罗的哲学。这位法国第二共和的资深高官有着对"法兰西大国"的坚定信心。而最为人所知的，是他对殖民者福祉的理论阐述。他在《提高殖民地产出》一书中，便集中论述了随后开展的教育活动：

"教育当地人，这固然是我们应尽的义务。但这份义务，又要和我们的经济、行政、军事、政治利益相匹配。殖民教育的第一个着眼点，便应是提高当地的生产力。在当地劳动力中，教育应在大多数只顾卖力的人中找出有能力的精英，让他们成为和殖民者合作的人。不管是当技工、打杂、主管、雇员，总之就是要弥补欧洲人的人手不足，满足日益增长的殖民地农业、工业或商业需求。"[91]

因此，在教育领域，殖民当局便应有更为严谨的新举措。在法属西非，这些举措带来了新的发展纲领，它主要由以下三个要求：
- 扩大教育手段；
- 由学制入手，提高教育质量；
- 相应实践需要。

在法属西非，教育的组织形式便要围绕法国政府的这三个要求而展开。随后，殖民总督卡尔德批准的1924年决议更是明确了这三点。[92]像法属西非的初等教育总监安德烈·达维斯涅（André Davesne）在殖

第二章 功利原则

民地和海外属地教育大会上所反映的：

"1924 年的决议，有着三大着眼点。

1）招收当地公务员；

2）在当地人的口语中普及法语；

3）传授学生像卫生和农业这样的基本实践知识，使他们有能力为建立一个文明的当地社会作贡献。"[93]

这里的第一、二个着眼点，是功利性质的。而第三点，则带有人道色彩。由这三点，法国当局制定了鼓励职业技术教育大纲，增设职业技术学校。在此处，用 1924 年 5 月 1 号的指令中的术语来说，职业技术教育旨在：

"培养年轻学徒，让他们日后成为合格的当地包工头，或是培养多才多艺的匠人，让他们可以改善当地生产、工艺水平。"[94]

同理，达维斯涅的报告还明确了职业技术教育中培养当地教员的改革方案：

"1）在每个殖民地组别中创建一所'乡村师范学校'；

2）简化师范学校中的普通教育，赋予师生两者的努力以一个更高的位置；

3）强化职业技术教育，重视实践教学；

4）组织实践，如利用农场、医院或疗养院等。"[95]

第一部分　对殖民战略的鉴定

由此,"适应实际需要"便足以解释殖民地自20年代起一直到第二次世界大战这段实践的职业技术教育。它源自殖民方针中一直存在的功利和人道导向。自第一次世界大战以来,这种导向把发展当地经济看成是殖民地活动中的重中之重。

法属西非这种教育政策的调整,可谓对应着两次世界大战间及第二次世界大战的社会历史背景。事实上,从1918年到1944年的布拉柴维尔会议这段时间,发展殖民地经济、增进其产出一直都是法国本土的头等大事。殖民教育的导向,便反映出殖民者急于振兴本土经济的心态。而这套振兴大计,在1929年经济大萧条中步履维艰。相反,教育政策的调整却无法意味着法属西非殖民地状况的改变。这些殖民地,在法兰西第三共和国中的政治版图中已经有了一定的地位。

B) 从布拉柴维尔会议到法兰西共同体 (1944—1958)

b) 布拉柴维尔会议:过渡到政治统治

布拉柴维尔会议便是把前述的职业技术导向放置到整个法兰西殖民帝国的框架内考量。这次会议把殖民教育政策的重心又拉回到政治、行政层面的战略规划上来。法国急需推出新政策,把法国本土和殖民地联系起来,让殖民地社会获得"自身的进步"。

在这当中,教育便起到至关重要的作用。在这场帝国主义的布拉柴维尔会议中,一个涉及教育政策调整的过渡时期便随之制定。它让教育政策与法兰西第四共和国的机构调整、法兰西联盟*的成立相适应。在该时期,法兰西联盟中的人均享有法国公民的地位。

第二次世界大战末的时候,法国政府面临着一个相当棘手的问题:

---

* 指的是法兰西第四共和国成立后,按照1946年宪法形成的法国与其殖民地之间的统治关系,时期为1946年至1958年。——译者注

法兰西殖民帝国的制度机构,究竟何去何从?事实上,面对殖民地人民燃起的自主意识,殖民政策不得不反过来"推敲法兰西殖民帝国"。像法国殖民部长雷内·普列文(René Pleven)便这么来形容制度理论创新的必要性:

"在二战冲突快要结束之际,我们隐约感到:在政治方面,会有一场全球范围内的新气象。我们都体会到,1939年时治理国家的那些理念要重新再推敲。

而法国本土和殖民地间的关系,像我们一直以来都称作的所谓'法兰西帝国',在殖民地人民意识不断觉醒的新情形下,要好好重新考量。"[96]

而这场布拉柴维尔会议,在排除所有让殖民地民族脱离法兰西帝国的可能性后,为了让当地人达到某种可以担当政治责任的水平,提出:通过教育逐步同化当地人的教育政策。像当时还是殖民地高级专员的雷内·普列文便这么说:

"在我们这个法兰西殖民帝国中,既没有别的要谋求政治突破的民族,也没有什么要去废止的种族歧视。这里有的,尽是一些从内心深处觉得自己是法国人的人民。这些人想要、而且法国也会给予越来越大的参政机会、在法兰西联盟的民主机构任职的机会。但同时,也有一些人需要我们耐心指导如何获得某种独立人格。在他们中较为成熟的那批人,我们要给予一些政治权利。但这些政治权利,并不意味着别的什么独立,而恰恰是我们法兰西的独立。"[97]

第一部分 对殖民战略的鉴定

这种导向，随后在某些人的思维中越发明确。像与普列文紧密共事的殖民地政治事务主任亨利·洛朗提，便很是支持殖民地"自身的进步"（progrès interne），反对英国殖民地施行的那套"间接统治"（英语中的 indirect rule）。他认为："自身进步"，其实是一套"让当地人意识到自身责任"的政治过程。在该过程中，法国人用和平、非强制的方式让当地人参与到法兰西框架内的殖民地管理中去。由此观之，有效的殖民教育行动便是头等重要的手段：

> "无疑，我们的殖民统治带来了一次变革，但这个变革并不出乎我们意料。我们法国慷慨给与，付出还要多于收获。当法国在非洲土地上的天主教贯彻精神平等之际，哪怕非洲当地的神职人员公开叫板我们欧洲的传教士，我们法国所设立的机构和管理者也会树立榜样，让当地人懂得我们对自由的争取，呼吁这些当地公民行使公共权利，履行政治和义务。"[98]

b）从法兰西联盟到法兰西共同体（1946—1960）：殖民体系对政治、制度前景的考量

然而，在这里要点明的是，二战而后，也就是法国在黑非洲的殖民体系有了较为明确的转变之际，越来越觉醒的当地人民却抵触这种殖民同化导向。对当地人来说，同化应意味着社会公平、享有同等权利和地位、根除哪怕带有人道色彩的殖民家长制。这一切，都让大多数法国殖民官员很难接受。

正是在这种背景下，关乎法国本土和殖民地关系的新构想应运而生了。这种继承自法兰西殖民帝国的构想，不是着眼于各共和国（因为某一殖民地的独立或自治，这是法国人不能接受的）组成联邦，而

是谋求在法国本土领导和行政控制下的联邦共和国（République fédérative）。这样一种联邦主义预设了将殖民地逐步整合到一个联邦框内中的大方向。自然，如此一来，以往的殖民地管理手段就需要调整，即：分权管理（décentralisation）。

这种把更多权力下放到殖民地的导向，广泛地为殖民总督和长官们（似乎尤其受法属西非殖民总督古纳利（Cournarie）、塞内加尔长官达更（Dagain）和达卡地区的长官梅卡迪耶（Mercadier））所赞赏。而后来高升的殖民部长、当时的长官拉丕（Lapie），更是这种联邦主义的理论家。他提出了"三个必要"：

> "首先，不管这听起来有多矛盾，我认为法国的殖民统治第一步就要在一定程度上抽离出殖民地的具体管理；
>
> 其次，欧洲的军人或要员应在当地一直担任领导角色，当地人没有资格置喙，倒是法国要肩负起为当地人建立家园、使之日后能跻身世界民族之林的重任；
>
> 最后，法国要将其殖民地纳入一个联邦体系，就像英联邦、苏联那样，或者以别的方式像北美洲、中国那样。"[99]

这样，把积极性下放到殖民地一级，也就意味着赋予法兰西殖民帝国的边缘以行政（而非政治上的）上的自主地位。拉丕这么来描述：

> "法国本土要继续控制住统治原则，但在具体的管理细节上要视乎每个殖民总督的领导思路。而在每个殖民地里头，是否再分权得由殖民总督来定夺。"[100]

第一部分 对殖民战略的鉴定

从战略上来分析殖民教育政策的话，这种联邦主义有两点值得我们留意：

- 在分权的新导向底下，这套思路让各殖民地可以相对自主地制定教育纲领，而事实上，各地教育开支其实早已由殖民地的财政自行负责；
- 这套联邦主义的逻辑预设了教育行动需要一个质的飞跃，因为法国人心里很清楚，建立一个联邦制、却让各地当地人民接受资源分配极度不均衡的教育，是完全不可行的。

在教育导向这个问题上，前述的同化思路或延伸出来所谓在法国制度框内殖民地"自身的进步"，以及联邦主义，这些都贯彻了布拉柴维尔会议的精神，但同时也有经济上的考量。

事实上，在召开布拉柴维尔会议的时候，法国已经有了击退纳粹的胜算。而有了第一次世界大战的经验，法国坚定地要保住它的海外属地。与此同时，它也正面临重振经济的难题。因此，布拉柴维尔会议有关殖民教育的建议（Recommandantion sur l'enseignement）第五点中，便在黑非洲普及教育问题上强调了经济效用：

> "有了普及性的教育及当地精英的选拔，在整个法兰西殖民帝国中应广泛开设有利于当地人的职业学校、高级初等学校及专科教育机构，让当地人日后可以在商业、工业和行政管理上担当越来越重要的职位（……）"[101]

然而对法国殖民者来说，在实践中更为紧迫的，却是黑非洲殖民体系的政治、制度走向。法国制定像同化、"自身的进步"、联邦主义

第二章 功利原则

等殖民思路的人,头一次意识到:殖民地的未来走向无法脱离当地人民的参与。

因此,在社会、政治方面,教育的功利导向便应针对:

• 一方面,管好当地社会的政治和意识形态演变,消除异见的种子;

• 另一方面,它也应通过挑选当地精英,让他们参与到当地的行政、领导事务中去。正是有关殖民教育的第一点中明确地提出教育的社会、政治指向:

"对当地人的教育,一方面要尽可能普及到多数人那里、进而让他们学会如何更好地生活,另一方面则要有效、迅速地挑选当地精英。"[102]

布拉柴维尔会议,固然是定下了第二次世界大战以后黑非洲的教育基调。可它却没有具体落实该基调的行动纲领。[103]为此,它要求召开一个就如何具体落实这一基调的技术性会议。因此,六个月后,旨在制定行动纲领的非洲教育大会便于1944年在达卡召开了。

又过了一年,即1945年7月,在达卡又召开了一个落实行动大会。与会的有筹划要五十年内在整个黑非洲普及教育的教育总监德拉治(Delage)。该会议提出增设学校(增设5万所学校,其中200所高级初等学校和75所非洲师范学校)、增设教师职位(最少新增5万个)。然而,从战略层面,它却沿着布拉柴维尔会议的同化精神,就像当时同时担任殖民地教育顾问的德拉治所说:

"教育的目标,与其说是保存当地人的风俗习惯,还不如说

第一部分 对殖民战略的鉴定

是把他们培养成你们。"[104]

我们已经论述了：布拉柴维尔会议精神所延伸出来不同思路的根本问题，就在于研究如何在法国的框架内，即在法国的文化、行政、政治、法律框架内，通过法兰西殖民帝国的机构调整和当地人的融合，有效地塑造和推动殖民体系的演进。像法兰西联盟的创立、殖民地内部自治法案（1956 年）、法兰西共同体的创立（1958 年）等，这些都是对这问题的一系列制度回应。

法兰西联盟，尽管"联盟"一词有时会让人觉得这像是夫妻间的举案齐眉，并却不等于于法国和非洲、亚洲部分地区的联盟。在它的思路里，这都只属于法国。正是这种"联盟"思路，才有了所谓的殖民地内部自治，意思是说：哪怕殖民地事实上自治了，这也是在法国的框架下自治。我们可以借用普列文一句精辟的话：

"（……）法国统治下的非洲人会在心理上逐步变成生活在非洲的法国人。"[105]

在这段时期，塞内加尔人民、尤其是其知识分子和政治精英，都参与到法国殖民体系的政治演变中。于是，他们便更留心教育政策。各种呼声都从本质上着眼于黑非洲和法国本土教育体系看齐，以及在课程设置中加入非洲黑人文化的内容。

与此同时，殖民教育政策的功利导向也为当地人所留意。面对非洲民主同盟（Bloc Démocratique Africain）在议会选举中的凯旋，面对为全体塞内加尔人请命、呼唤社会公正的当地知识精英，殖民当局在内部文件中暗地里承认：

第二章 功利原则

"（……）把受过教育和没受过教育的当地人区分开来，这是我们的一厢情愿。正是由于我们的误判，现在我们就看到这两批人明确地提出一致的诉求（……）"

于是，法国人只好认真考虑这两批人的诉求，而不是企图将他们分而治之：

"经常和这些受过教育的精英接触，是必不可少的。我们要从他们的教育出发，重新考虑一些我们乍一听很刺耳的想法。我们要让他们觉得，法国人不是要把他们排除在外，而恰是想倾听他们的想法，理解他们，给他们出点子，安抚他们。我们不能有丝毫的不耐烦，要向他们解释我们对他们有什么期待，解释哪些事情时机未到，哪些想法不合时宜，哪些从根本上就是错的，总之要让他们理解我们法国人的举措。这一切，便是目前最急需落实的，也是欧洲人管理班子不能忽视的。因为，这些受过教育的当地人现在参与了当地的治理，那么我们的统治就要和这批人合作。"[105]

殖民当局的这种新态度，既有其灵活策略的一面，也有其家长制的一面。它将是随后殖民者与当地人民关系的常态。以前，殖民者对这些无法参政的当地人残酷镇压。现在法国人改变了策略，他们瞄准了这些"意见领袖"、尤其是知识精英。

这种策略在20世纪50年代起逐渐加码，哪怕它在法国本土被民族情绪高涨的留法黑非洲学生联盟所抵制，哪怕稍后在塞内加尔也遭受西非学生会（Union Générale des Etudiants de l'Afrique Occidentale）

的诟病。这个西非学生会的成员，很多都是随后 1957 年的非洲独立党（Parti Africain de l'Indépendance）的骨干。这一切，都传递出法国殖民政策之功利，表明了：在法兰西联盟、尤其是 1956 年自治法案通过后，法国人企图借助当地精英来确保殖民统治。

最后一点，功利主义无疑是法国在黑非洲、尤其是塞内加尔殖民教育政策的常量。它会根据殖民统治的具体需要而进行调整。由此观之，制度上的调整和行政上的组织都体现了殖民当局在经济层面和政治、行政层面上交替的策略考量。

第二部分
法国在殖民组织机构方面的战略

第一章 普通教育

第一节 初等和中等教育

A) *初等教育*

a) 初等教育的基础和参照体系

殖民学校的光环，无疑标志着法兰西在该地的辉煌。而代表着殖民社会教育体系第一块基石的初等学校，则以其普及性的教育，闪耀着这份辉煌。

我们可以列出关乎法国殖民战略的两大影响：

• 它让法国的殖民统治有了最基本的人手。哪怕人员会有参差，但却保证了整个体系的运行，同时为进一步培养更称职的当地人手作准备；

• 它让当地人得以接触法国文化，或者说得更准确点，认识法国统治者的意识形态。因为，恰是这种意识形态，才有了法国在殖民地一系列思想、道德、社会经济方面（思维和生活方式）的强势。

在这些条件下，殖民初等教育便以其社会经济方面的重要性和在当地社会的影响，构成了法国在非殖民政策的关键所在。有必要指出的是，让殖民者想到要开设学校的，也恰是前述提到的渐进原则。因

第二部分　法国在殖民组织机构方面的战略

此，我们也可以从渐进原则的角度，指出殖民初等学校的两大影响：

- 对殖民者来说，对当地人手的培养可以慢慢引领殖民统治在经济或行政方面的发展；
- 法国殖民者可以评估对当地人的文化影响程度，衡量施加到当地人中涉及道德、意识形态的影响趋势。

现在，我们可以更好地把握法国设立初等学校在殖民地社会经济方面的影响了。初等学校，是以就业为导向的。在殖民地的经济以农业为主、且手工业从属于早已在法国本土发展成熟的工业体系的大背景下，初等学校便为经济起到了集中人力的作用：它为经济生产提供了大量劳动力。每一个工业部门和行政部门都雇用同等学历的雇员。

类似地，从殖民者的角度出发，在教育为一提高个人社会地位的手段前提下，初等学校的教育便也起到了促进当地社会公平的作用。毕竟，当地社会还是处在传统的等级和不同宗派的状态。[106]

此外，起基础作用、面向广大人群的初等教育，由于看重在法国自身教育资源中抽取技术性或普及性知识，便成了维系各代当地人和平共处的纽带。这一切行政与政治上的考量，都要在法国的光环下进行。假如我们能考虑到法国对塞内加尔的殖民并非一劳永逸，考虑到法国也是从英国人手中夺回该地，那么我们便更能体会到法国的苦心。值得一提的是，倘若看看法国的当代史，我们便容易发现：每逢法国要和其竞争对手发生冲突时，法国殖民地的初等教育就肯定会比其他方面更受到重视。由此观之，第一次世界大战后法属西非教育最高理事会里记录的一番话［在其收到殖民总督梅林（Merlin）的指示之际］，便可堪玩味了：

第一章　普通教育

"殖民教育首先要在当地人中推广法语,以便界定当地人的身份。然而,它应让当地人有一基本的、必不可少的知识储备,以使他们可以有更好的物质条件,对法国文化、乃至西方文明更接纳包容。在这些储备之外,还应让小孩有基本的思维、道德品质,因为这些都是一个文明社会所赖以存在的根基。"[107]

这段话,暴露除了法国殖民战略中的渐进原则。这意味着:殖民教育(此处是初等教育)行动背后的社会、经济、行政考量,完全不排斥文化和意识形态的影响。我们现在便转而分析:法国在塞内加尔初等教育的战略规划中该渐进原则对文化和意识形态的影响。

文化上,渐进原则带有殖民教育的核心逻辑。在这种颇有点实证色彩的原则指导下,殖民当局认为:教育应按年级、按整个殖民地社会的变化情况来实施。

"历史形势让代表文明的法国去和这些不太高级的种族接触,让法国肩负起他们进步的责任。在这个目标底下,法国应当在当地人身上推广自己的文明吗?这样的思路是非常不审慎的。其实,就好比一个母亲要指导她小孩学走路那样,法国也要在非洲学走路的时候给予一些指导、鼓励,而不是心急地催它走得比原来要快。"[108]

可这个"文明的法国"却不是空洞的修辞,而是切切实实在非洲殖民地的统治。殖民地,就是法国财富的一部分。在这里,法国有着它政治、行政、军事等方面的机构。它鼓励经济发展。尤其在塞内加尔,它更是奠定好了某种工业和商业基础。法国的这种统治,也体现

第二部分　法国在殖民组织机构方面的战略

在本土国民来到海外殖民地进行统治上。这种文化和意识形态上的人口转移，有其深远的影响，用法属西非殖民长官卡尔德的话来说，便是：

"文明的发扬光大，靠的是各民族努力。我们可以帮助这些民族。而同时，凡是优秀的法国人，都应在接触当地人过程中起到教师的角色。"[108]

但为了殖民的政治和历史目标，这种泛泛的接触、停留在经验上的认识，应进一步由制度化、理性化的教育行动来取代。

如此一来，初等教育便在殖民教育规划中占据重要的战略地位。为达成这一目标，它应满足三个理由：

- 这是由于初等教育耗费带来成本更低的人力、物力，例如乡村学校；
- 它旨在普及到尽可能多的孩子中去，而其配置又可以为成人开设一些特别或基础课程；
- 照顾到农村地区的殖民初等教育，可以让更多当地人入读。

凡此种种，意味着：在渐进原则的指导下，在经济、行政、社会以及道德（也就是意识形态和文化）方面开设初等教育，是多么地有必要！这种意识形态上的必要性，一直伴随着法国在塞内加尔、乃至整个黑非洲的殖民教育史，而且手段还变本加厉。它从来没受人质疑过，因此一路高歌，越来越深入。在这个意义上，它成了殖民教育政策总体导向中的常量，尤其是在其功利和同化方面。因此，初等教育便必不可少，而且不应离渐进原则太远。我们看殖民总督威廉·庞蒂

第一章 普通教育

是怎么和议会讲的：

"你们听好了，我从来没想过设立初等教育以外别的什么教育机构。对待这些当地人，要让他们处在应有的演化位置上。"[109]

这便是法国殖民者所谓的"放心"！殖民长官继续说道：

"就目前而言，让本地人学会说、看、写我们的语言，让他们学会一点基本的算术知识和一些道德常识，这就够了。这一切，他们也可以从学校的本地教师那里学到。而一旦他们掌握了这些基本知识后，为了这一批人以及我们有义务去鼓励的其它多数人，教育应更为偏重实践。"[110]

经过我们对殖民地初等教育必要性从意识形态角度的分析，也经过了对殖民当局的教育大纲背后因素的分析，接下来我们将讨论这种殖民教育架构的本质。

b）架构上的思路

法国在 19 世纪殖民地的初等教育架构就其原则而言，有相当的重要性。这是因为，该架构和整个普通教育的架构颇为类似。事实上，在普通教育中开展其他层次的学校，这不是法国人的首要目标，哪怕早在 1884 年塞内加尔的总理事会上，中等教育的呼声已经得到一些回应。

第一个官方设立的学校，哪怕持续时间不长，要追溯到让·达尔开设的学校。该校旨在普及教育，让当地人更好地充当法国本土和殖

第二部分 法国在殖民组织机构方面的战略

民地的中介。在当时，达尔的这种实践导向颇为开一代之风气，但其实是由于资金有限而实行分层管理的替代办法。面临资金不足的窘况，他只好用一种单一的管理办法，实行互助学校。提倡互助，顾名思义，便是让学校里学得较好的学生指导学得不太好的其它同学。[111]

这种"互助"实验，在达尔回到法国本土后便被停止了。当地常干预教育事务的宗教团体，从没打算要改进教育体制。

至于官方对殖民教育的定调，还有其原则的采纳（这里指的是1903年11月24号的指令），[112]这些都要等到20世纪初殖民总督鲁姆任内、塞内加尔殖民长官卡米·吉递交建议，方才成形。

在这个架构的最基础一级，是乡村学校。乡村学校，指的是设立在乡村的学校。这就是说，象征法兰西的机构来到了乡村当地人那里，发挥影响。法兰西面向的人，就是乡村里的人。如此一来，乡村学校便高度契合了法国的殖民目标：

> "初等教育的目标，乃让我们得以尽可能多地接触当地人，让他们了解我们的思路和想法，让他们一步步地走向经济和社会进步。"[113]

随后，在法属西非教育总监夏尔东（Charton）的提议下，殖民总督布热维耶设立了类似乡村学校的某种新形式，即乡野学校（école rurale）。它，

> "（……）其实就是经调整后的当地原有学校，为的便是提高当地人的生活水平……"[114]

当地教育的这种普及，可以追溯到法国殖民者刻意让欧洲文明和非洲文明区别发展的大原则。

而设立在殖民总部附近的地区学校（école régionale），则比只负责教授基础性课程的乡村学校要高级。这些区域学校负责教授中等课程。在实际操作上，由于他们也招收在城里的当地孩子，因此也给他们教授基础性课程。

乡村学校和地区学校都面向当地人。而殖民长官卡米·吉则在其报告中提出，为了保障城里欧洲人或已被同化的当地人的利益，这些人数量不少，应该设立城市学校（école urbaine）。于是，城市学校便实行法国本土的教育大纲，面向母语为法语的小孩。倘若母语万一不是法语，这些学校也会开设特殊的班级来专门应对。

B） 中等教育

a）颇具争议的一次机遇

很显然，在殖民者看来，当地教育是算传统、还是算现代，都不太要紧。毕竟，殖民地教育，本身就不是要让小孩学会思考的。在这个意义上来看，中等教育便显得有点次要了，因为这种延长了的学制和殖民者急功近利的心态格格不入。法国人根本就没打算要培养当地知识贵族，或是精致优雅的有闲阶层。

我们来看看法国人对（哪怕在四市长大的）当地小孩有什么评价：

"你们不妨让一个出身一般的人去一个富裕的社会里，衣食无忧地读几年书。之后你就会感到，要想教育他要节俭朴素，难过登天！因为他的灵魂已经被浮华所占据了。对你们那些中学教

第二部分　法国在殖民组织机构方面的战略

育的学生,也是同样道理。你们让他和人类最优秀的一批人一起生活过七八年。你们会拔高他的灵魂,让他脱离本应好好待着的位置,而且一定程度上来说,还弱化了他的秉性。你们让他产生了一些他未曾体验过的情感,一些他说不清的飘飘然(……)"[115]

除了这些法国人认定的缺点外,还有一项不得不提的,那便是教育会导致游手好闲。我们继续上面的引文:

"你们已经不知不觉地为这些人日后悠闲的退休生活铺垫了,他们可不想努力奋斗。尤其是当你们把他们从昨天应有的位置拔高,高到连他们都认为这不太可能。这样做的话,你们可就本末倒置了!(……)

我们的这种法式教育里呼唤崇高的部分,对这些当地人会构成一种负担,一种看似崇高、实质却不稳定的因素。这种法式教育,属于那些不为生活所累的人。而清贫的人,倒是配不上这种教育。这种教育,需要我们脱离那些需要全副力量奋斗的职业。而这些万千职业的最后所指,就是我们只用一小部分精力的职业。在这样一种所指中,我们可以保留一个秘密花园,浇灌我们的理想之花。"[116]

而19世纪和20世纪初,在塞内加尔的欧洲人及一些和本地人通婚的家庭均将子女送往法国本土。尽管这些人本质上认可中等教育,但根据我们研究所掌握的情况,这些人却盘算着在越来越崇尚资本的法国本土开展商业活动,以便能更好地像一个欧洲人那样来生活。面对当地一部分人的入学渴求,面对另一部分人的如意算盘,当然同时还面对殖民当局的迟疑，我们可以看到法国殖民者对 19 世纪中在塞内加尔开展中等教育的反感。我们借用拉佛内尔（Raffenel）一番不情愿的话：

> "多亏有了本地神职人员的坚持和一些自助，这所可怜的学校才不至于落入白人之手。固然，人们可以诟病这所学校。但我们坚决反对殖民者毫不费力就设立一所对自己有利的学校。这是不可接受的……"[117]

b）当地 19 世纪的小资产阶级：从社会地位的提升到后来二等地位的没落

由修女雅乎维（Jahouvey）送往法国接受教会提供的中等教育的优秀塞内加尔青年，最后有三人回国（Boilat, Moussa, Fridoil）。这三位塞内加尔天主教修士的人才，可谓是 1843 年上任的殖民长官布耶（Bouet）同意同年二月由其中一位修道院长布瓦拉（即 Boilat）递交的提案。布瓦拉院长满怀喜悦地向殖民长官致以感谢和祝福：

> "你有着一颗慈悲之心。你认为，塞内加尔所有的孩子都有能力接受好的教育。以你的慧眼，你成立了这所旨在改变一代人的学校。恰恰由于你的牵线，这些孩子的父母、家庭以后将以他们为豪；教会也会以他们为楷模。
>
> 恰恰由于长官你的好意，才有了如此种种的恩惠。恰恰是你，我们的这些孩子才满心欢喜。你，才是天主的荣耀。请你接受整个塞内加尔的感激，上天会为此作证，给予你最慷慨的祝福。"[118]

第二部分　法国在殖民组织机构方面的战略

在殖民当局和天主教教会的算盘里，怂恿布瓦拉成立中学、并让其负责领导，可谓兼有象征和功利意义。这里的象征意义，指的是一个年轻受过天主教教育、黑皮肤的修道院长［正如其他两位穆萨（Moussa）和弗利道尔（Fridoil）那样］，恰恰代表着法国和教会在塞内加尔传播法兰西文明之成功；而功利意义，指的是在雅乎维修女所隶属的、位于利姆（Limoux）的教会看来，成立这所学校恰是瞄准在当地播撒基督教正信、培养更多本地神职人员和传播者，瞄准塞内加尔、乃至非洲地区的军事和道德征服。

事实上，在布耶出任殖民地长官以前，意识到当地黑皮肤天主教神父之作用的法国海军部，便早已收到天主教会向它递交的有关设立中学的建议：

"我们要在每个殖民地开设中学，教授那些有能力接受知识的年轻人一些基本的拉丁语知识。随后，我们把其中最出色的人送去法国，把这些有肤色的人组织到一起，让他们完成人文方面的学业。如果学生人数较多，我们可以把他们组织到别的小修道院进行学习。但他们完成修辞学方面的学习后，我们可以让他们学习为期两年的哲学，一年学习逻辑学，一年学习物理学。在这以后，他们将学习神学。"[119]

由此，我们可以看到，中等教育应围绕传播法兰西文明的目标来设立，舍此无他。传播文明，这是法国政府和教会的共同目标。它从来没打算要培育一个当地的资产阶级阶层。

殖民者如此看待中等教育的作用，并不是构成当地混血或黑人小资产阶级阶层的几个因素之一。在这些当地人看来，教育，不应是固化殖民社会分层的工具；而中等教育，倒应充当提升社会流动性的推动力。顺带指出的，像前述的这种由布瓦拉修道院长提议设立的中学，后来由他儿子负责管理。这，可谓很有代表性。因为，在当地资产阶级严重，布瓦拉及其他黑皮肤的修士，恰恰构成了个人奋斗和社会向上流动的典范！

布瓦拉确实就是像这些小资产阶级群体这么来看待殖民教育。他不遗余力地鼓励当地家庭把子女送到该校。他所用的论据，第一条是初等教育知识储备上的不足，无法教会孩子养活自己的本领，例如：

"你们送到学校接受教育的子女，固然是显示出很好的学习能力，可惜他们受的仅仅是初等教育。他们所能展望的，无非就是等着有人聘请他们当中介，或是到殖民地不同的办公室工作。假如是当中介的话，由于他们缺乏更深入的培训，结果他们不太能规划好自己的事务，导致有时候被更有知识的人坑骗。假如是在办公室工作的话，他们最好的前景，也无非是伏案起草文书，而且就连这也要求掌握拉丁语（……）"[120]

布瓦拉使用的第二条论据，是面向那些希望获得同化的当地人。他把这所当地学校，描述得和法国本土的一模一样，甚至管理更完善：

"在这所学校，你们的小孩将获得和法国本土的孩子一模一样的教育。而且，可能质量会更好，因为我们是下了功夫、不带私心地去管理的。因为，我们是你们的朋友、父母、兄弟，是你们孩子的兄弟，仿佛就是耶稣基督的使者。"[121]

第二部分　法国在殖民组织机构方面的战略

最后，布瓦拉高度赞扬了该校的文化教育质量，表明小孩毕业后可以达到的高度：

> "今天，没学过拉丁语，我们就不能达到任何一种优秀的境界。初级教育是绝对必要的，它是整个教育的根基。但在打好地基以后，我们就要立起面。你们的小孩在离校之际，可以达到一个年轻人梦想达到的高度（……）"[122]

而且尤其是进入到圣西尔军校、海军学校，或者成为骑兵指挥官、医生、药师、法官，甚至受到天主的呼唤，成为神父。

然而，尽管这三位在法国学成回到塞内加尔的修道院长不遗余力地为教会中学作宣传，他们也在树了不少敌。例如，基督教普罗梅尔兄弟会（Frère de Ploermel）便颇有微词，认为该中学抢了他们原来最好的生源，还指责布瓦拉瞧不起初等教育。至于殖民当局，由于和前者利害关系一致、维护初等教育，因此对布瓦拉以极大热情开办精英学校的提议带有戒心。在那时，该校的领导开始换届：弗利道尔接替布瓦拉，之后又被穆萨接任。这样，殖民当局和基督教普罗梅尔兄弟会便针对这三位神父，视该校为眼中钉。自然，该校之后便倒闭了。随后，由普罗梅尔兄弟会负责创设一些中等课程的提议被采纳，可是它做得远远不够。

19 世纪塞内加尔中等教育的衰落，就是这么地和政治权力紧密相关。而在 20 世纪，它的发展也是跟跟跄跄。

c）20 世纪：步履蹒跚的进步

1918 年，殖民地有着两所法式学校，负责当地的中等教育：一所是世俗公立的，在圣路易；一所是世俗私立的，在达卡。这样一种设置中等教育的安排，其实是源自法国本土民众及当地同化民众的社会和政治压力，因为他们不愿再看到直到19世纪末的制度真空下官方无人提出建议的僵局。法属西非经济上的发展，也吸引了法国本土的人前往。再者，法国本身在第一次世界大战期间也对中学教育进行了重组。这一切，都促成了塞内加尔中等教育的发展。

一战结束时，塞内加尔的代表、战时黑非洲募兵高级专员迪亚安，便鼓励当地人多接受学堂教育，争取有更高的学历。而殖民总督安古万，则是出于经济和"人道"理由，也唱和起迪亚安的大方向。不过，他作为法国人，自然会在发展殖民地高等教育时偏重当地人技能方面的培养。至于影响力越来越大的黑人政治领袖，也不会觉得提倡中等教育会遇到什么阻力。对此，殖民当局没有反对。

在1916年10月19号的指令下，法国设立了奖学金，让那些在殖民地工作、出身不太好的法国官员以及当地被同化的人能够把子女送到当地的殖民中学入读。但在具体政治权力、社会利益相互竞争的场合，凡没有得到巩固的利益都不能算是到手的。因此，当地民众便继续向当局施压，呼吁尽快设立一个真正的中等教育机构，也就是说，要按照法国本土的中学模式来全面设计。[123]

于是，在殖民部长亨利·西蒙递交报告后，创建于1910年的圣路易中学便于1919年6月20号在法国总统雷蒙·庞加莱（Raymond Poincaré）签署法令后改为男子中学。很快，这所学校在1920年殖民总督梅林的法令开始运作。仅过了两周，它又被正式更名为"费尔赫布中学"。在类似思路下，开始于1917年的达卡中等教育课程（Cours d'enseignement secondaire de Dakar），由起初的私立性质很快于1925年10月10号在殖民总督签署的指令下取得了公立的地位。

第二部分 法国在殖民组织机构方面的战略

然而殖民教育中最具代表性的事件，还要数圣路易中学的设立。该中学采用当时法国在其他殖民地（瓜德罗普和留尼旺）已有的中学模式，成为整个黑非洲唯一一所中学。如此观之，塞内加尔似乎比法国的其他殖民地"更为先进"。事实上，我们可以罗列一下：马达加斯加的头两所中学（一所男校，一所女校）在 1924 年 3 月 28 号法令下于塔那那利佛（Tananarive）成立；喀麦隆的第一所中学，则是在 1950 年 8 月 28 号指令下将原有的雅乌德（Yaoundé）学校改造而成；在法属赤道非洲，在 1951 年 5 月 9 号指令下将原有的布拉柴维尔学校更名为布拉柴的萨沃南（Savorgnan de Brazza）中学；在多哥，洛梅（Lomé）学校则在 1953 年 8 月 10 号指令下改为勃纳卡来（Gouverneur Bonnecarrère）中学。不难发现，直到 1950 年，很少殖民地有一个完整的中学。

圣路易中学的设立，乃是法国在塞内加尔殖民的一个坚实步伐，也是教学、制度上的进步。接下来，我们将讨论该机构的架构。

第一点：该架构遵从我们前述的行政集权原则。中学，由法国殖民当局主管。换句话说，由殖民将军兼长官主管。从地位上来看，它是一个由法国提供的公民事务机构。除了一些合唱活动外，其他活动都由校方主管。而校方，又听从学校行政理事会制定的大方向。

1882 年 10 月 10 号的指令和 1883 年 6 月 10 号的法令让法国每所中学都有一个行政理事会。于是，每一个中学都是国有的，进而圣路易中学的行政理事会便反映了国家意志。事实上，在 1919 年 6 月法令第 14 条涉及设立中学的条款中，所谓"学校行政理事会"的权限划定其实是要根据殖民长官的私人理事会来制定的；这个学校行政理事会的成员，本身就在殖民地公共教育部门担任高职。其中有两人，任期三年，一个由塞内加尔总理事会选出，另一个由圣路易市选出；另外三人，任期三年，由殖民长官任命。[124]

中学由殖民地当局主管，它的预算也自然由殖民长官拨款。它的预算体系，从根本上说是符合 1900 年 5 月 19 号法令所赋予殖民地中学体系的。最后，依然和行政集权原则相关，我们必须指出：殖民学校的教职工、行政人员，均由法国殖民部决定。他们的收入，也是如此。例如 1902 年的法令就按层规定好瓜德罗普和留尼旺的人员编制。

第二点：同化原则。事实上，前述的行政集权原则和这里的同化原则在法国整个殖民教育政策中是紧密联系的。像圣路易中学这样完整照搬法国本土体系的教育机构，便是明证。殖民地中学，其实就是一所法国在本土以外按法国模式设立、并且为法国利益服务的学校。因此，这其实就是一所嫁接的学校。随后我们对中学教育大纲的分析将佐证这一点。

第三点：渐进原则。1919 年法案的第一条就清楚地规定：

"塞内加尔圣路易中学包含有：

1）一个初等教育部，配备有面向妇幼的课程；

2）一个高级初等教育部和职业课程；

3）旨在培养殖民地当地教师的师范课程；

4）一个中等教育部。"

这么一种按步渐进规定的原则，也体现在殖民教育大纲中。无疑，初等教育的最后一年，主要是为进入职业教育作准备。这一职业教育阶段，为期四年。而进入这一阶段的资格是：持有初等基础教育文凭（Certificat d'études primaires élémentaires，C. E. P. E.）及接受过学备考课程；否则，则需要证明具备公立初等学校高级课程的学力（根据我

第二部分 法国在殖民组织机构方面的战略

们的研究，后一种入学条件是针对那些已经在法国本土接受过初等教育再来到殖民地的孩子）。

在这一年结束后，毕业的学生可以继续入读以下四部分之一的课程：农业专科、商业专科、工业专科和普通科。我们可以看到，技术性的课程（其实这也是师范课程一样，旨在用三年时间培养出本地教师）直接和随后的职业挂钩。而只有普通科，才包含了为入读下一阶段作准备而量身定做的课程。

我们可以说，殖民地的中学教育发展，自1920年起步伐有了加快。

事实上，我们还必须提到1924年3月28号法令后推出的殖民地能力证书（Brevet de Capacité Colonial）。该证书类似于、但却不等同于法国本土的高中毕业文凭。该证书于1910年首创于新喀里多尼亚（Nouvelle Calédonie），不久在1912年12月5号法令后在马达加斯加也推行）。至于在法属赤道非洲，则要等到1945年8月23号的法令。而在整个黑非洲承认该证书有法国高中毕业同等学历，则要到1947年。

在制度层面，我们要留意到前述的达卡中学教育课程在1936年改造成中学。在法国一战结束后，自1914年在法国本土开始的一场教育运动，终于在1947年将高级初等学校改造成初中。而在法属西非，当时共有15所现代初中［5所在塞内加尔，4所在科特迪瓦，2所在上伏尔他地区（Haute Volta，今科特迪瓦、尼日尔、上塞内加尔一带），1所在尼日尔，1所在达荷美（今贝宁），1所在毛里塔尼亚，1所在苏丹］，4所为中学会考而做准备的传统初中。

随后，我们还有莫里斯-德拉佛斯（Maurice-Delafosse）学校。它先是改造成为初中，后又改为中学，面向技术和职业教育，体现着殖民地中等技术教育。

第二节　高等教育和人文研究

A）高等教育

a）达卡高等研究院（Institut des Hautes Etudes de Dakar, I. H. E. D.）

二战后，殖民者意识到在黑非洲设立高等教育机构的必要性。凭借其培养的"附属医生队伍"（médecins auxiliaires），创立于1918年的达卡医学院便成为了这种思路下的试点。从1948年，理科方面的高等课程（理化生）开始在该校教授。而自次年起，开始引入法律方面的高等课程。我们可以认为，这样的制度演化又体现了渐进原则。

在1950年4月6号法令下，尽管遇到一些质疑，达卡高等研究院还是成立了。[126]这是一个真正的高等教育中心。其架构，总的来说是出于学术角度考虑来设计的，但也有行政考量。

这所达卡高等研究院，便集合了当时的科研机构和一些专门学院。在其创立之际，达卡高等研究院需要：

- 一个法学院；
- 一个医学药学预备学院；
- 一个理学院；
- 一个文学院。

而专门学院的创立，则由该校自行决定。而且，该校秘书处除了负责各学院的行政事务，还负责新设立专门学院的总体工作。

从学术角度来看，这样一种组织架构，恰体现出1950年法令的内容：

"a) 法学、医学、理学和药学的教学，遵从法国本土的教学规定；

第二部分　法国在殖民组织机构方面的战略

国家的文凭或证书课程需要遵从有组织的教学；
文凭或证书的发放由校方执行。"（第一条）

对殖民地教育组织架构如此细致的界定，无疑带着强烈的法国本土教育体系的色彩。事实上，殖民地教育体系、课程大纲、学业文凭的发放，都按照法国本土的规定来严格执行。和达卡高等研究院学校自己颁发的文凭类似，殖民地教育的证书是由法国教育部和海外部共同颁发的。

在这里必须指出的是，法国海外部也影响着达卡高等研究院的发展。其实，该院受法属西非的教育部门直接管理。教育部门的主任，其实是理论上达卡高等研究院理事会的主席。这样一种安排，自然也体现了法国海外部、甚至整个法国政府承担的责任。除了该校底下各学院的领导外，还有隶属于该校各专门学院的领导、法属黑非洲学院的主任。这四人，也是由法属西非的教育部门主任直接任命。

然而，从行政的角度来看，这所按法国本土模式来办学、管理的达卡高等研究院，其实更体现在：自1949年（也就是说，先于达卡高等研究院的成立）起，它的教职员工便来自在巴黎大学和波尔多大学通过教师资格竞考的佼佼者。这批人，主要是两位经济与法学教授（Lampue 和 Rouquet-Lagarrigue）的门生。顺带要说的是，1950年4月6号法令便规定了：该校的委员会由巴黎大学和波尔多大学的理事会组成。而同年，法国教育部长更是通过一项7月26号指令，[127] 具体地规定委员会由以下的人组成：

"巴黎大学校长；
　波尔多大学校长；

第一章　普通教育

> 巴黎大学法律系、医学系、理学系、文学系和药学系的系主任；
>
> 波尔多的医学和药学系系主任，或这两个系指派的教授。
>
> 第二条提及该委员会的主席，由巴黎学院（Académie de Paris）和波尔多学院（Académie de Bordeaux）的校长轮流担任。"
>
> （第一条）

总的来看，担任该校要职的人，本身就是学界中的优秀人才。这样的安排，不光体现了行政方面的法国本土特色，而且可谓是"由合适的人"（借用一位波尔多大学毕业、后在达卡任教的教授的话）来管理。

从教学上来看，这样一种行政上的隶属让达卡的学生接受和法国本土一模一样的规章制度。其结果之一，便是这些本地学生同时也注册在波尔多大学的对应系别底下。

而其实，作为法国头几所涉及殖民地研究的大学，波尔多大学也很快跑在了巴黎大学的前面，参与到更多达卡高等研究院的事务（直到今天，波尔多大学依然有着研究殖民地的传统，尤其是它的黑非洲研究中心）。于是，旨在获得文凭和证书的考试中心便在达卡高等研究院开设了。在这里，我们要指出的是：1949 年两个部门（法国教育部和海外部）通过的法案，便把在达卡开设的这个法律文凭考试中心划归到波尔多大学那里。这样一来，这个决议便让：

> "笔试试题，由波尔多大学法律系系主任出具；口试试题，则和波尔多大学正常考试试题一样。"[128]

而在设立达卡高等研究院之后，颁发物理、化学、自然史结业证书的

第二部分　法国在殖民组织机构方面的战略

考试中心也如法炮制。[129]在1951年,更是设立了一个文学学习证书中心。[130]

至于达卡高等研究院的内部学术发展,我们可以说:自1950年起,大致上每年都有些进步。从每年入读的总人数、报考人数、录取数来看,数量是一直上升的。对这些幸运的报考学生来说,他们希望能接受高等教育。

这样一来,达卡高等研究院颁发的文凭和证书便年年递增。于是,在1950年至1951年,该校为进入法学院一年级和二年级作备考培训,也为进入医学院的博士第一年作准备。与此同时,对理学院来说,该校也为 P. C. B.、S. P. C. N.、M. P. C 等证书作准备。[131]次年,法学院便设立了进入三年级的考试,而为进入医学院博士第二年,也增开课程,理学院则增开植物学方面的证书。[132] 1953年至1954年,法学院增设了为进入海外法律与风俗研究证书(Certificat de droit et coutumes d'outre-mer,1950年首次在法国本土设立)的备考课程。而医学院也增加了其博士阶段第三年考试的预备课程。理学院则新增了普通数学的学习证书。[133]

另一个有关达卡高等研究院内部学术发展的地方,则在教室团队的逐年扩增上。例如1953年,对大课老师职位的大量创设,让这所刚成立不久的机构大为获益。[134]医学院有了两个新的教席(一个是医用化学,一个是手术科)以及三个原有教席(解剖学、生理学和组织学)的新用途。至于理学院,四个原有教席(数学、物理、动物生理学、植物生理学)也有新用途。

以上这些在达卡高等研究院设置的教席均隶属于波尔多大学。然而,承担这些教职的人需要在达卡居住。从决议的明确规定来看,这些教师(原则上,会在波尔多大学里挑选)将会被赋予讲授大课的资格。而大学的行政部门，则试图禁止心猿意马、"一半心思在殖民地，一半心思在法国本土"的非固定教师。

由波尔多大学下令创设的新教席，以及对某些老师新的教学任务指派，他们确实不负所望。而且，由于预算制度的配合，再加上受到越来越多学生的青睐，这一切都促进了达卡高等研究院的教学。

比方说，在学生的诉求下，一个为行政人员考试的备考中心便成立了；而在法属西非的默许下，行政人员文凭便于1954年设置了，该文凭由法学院颁发。然而，尽管有这些文凭，非洲这个地区在课程大纲上依然很难占到一个独特位置：一门"非洲的人文经济地理"课，一门"非洲史"课，剩下两门分别是"海外属地经济"和"法语写作"课。而在法学课程方面，共四门课：一门"行政与政治组织"，另外三门分别涉及工作法、金融法、私法与公法。这四门课都是围绕海外属地（以及第一次提到"法兰西联盟"）的具体情况而开设。

我们可以认为，在1957年，达卡高等研究院在教学、科研和制度设计方面都已经取得了长足的进步，其运行之成熟可以和一所法国本土的大学相提并论。那么，它之后又变成什么样呢？

b）达卡大学

达卡高等研究院的演变，是非常正面的。这是因为，它创设的本意就是要让非洲青年享受高等教育。而根据前述的渐进原则，研究院在制度方面有了质的飞跃，被提升至一所大学的规格。在条件已经成熟的情况下，[137]法国1957年法案便把该研究院转变为达卡大学。

这一变动，其实是法兰西联盟在塞内加尔社会、政治与历史几方面的策略性考量后的结果。像它的校长吕西安·佩（Lucien Paye）所说：

第二部分　法国在殖民组织机构方面的战略

> "该校的设立，是因应二战后中等技术教育的扩张而实施的，也回应了法国本土越来越多精英的呼吁。这些精英，逐渐意识到世界的演变和非洲的地位。它来自涉及法国海外属地的一系列政治、经济、社会改革。
>
> 最后，成立于 1938 年的法国黑非洲学院和成立于 1950 年的达卡高等研究院，恰是凭借这所大学，获得了大量资助和扩张。"[138]

这样一种规格的提升，体现在系别的官方称谓上：以前的"学院"，一律改为"系"。于是，达卡大学按该法案的规定，就拥有了法律系、理学系、文学系三个系，还有取代了之前高等医学与药学院的国立医学与药学院。

在法国的高等教育体系中，一个系，便意味着制度上的自主独立，不再需要挂靠在波尔多大学和巴黎大学底下。但这并不适用于国立医学与药学院。按照 1950 年的决议，该学院和传统的高等学院不同，将：

> "可以自主设计第四、第五、第六年为取得博士文凭而准备的课程；可以自主设计第四、第五年为取得药剂师文凭而准备的课程（……）"[139]

这样的课程设置，对应于法国本土的传统学制设置，是"学院"向"系"转变的客观和必要条件。但这种条件本身，并不足够，因为它还要指望殖民当局的主观意志。像在通过成立达卡大学的法案里，就明确规定了国立医学与药学院的具体事宜，要：

第一章 普通教育

"(……)由稍后的殖民地高等教育理事会提议、且法国教育部和海外部通过后,方可落实。"[140]

而在等候这一"学院"转变成为"系"的过程中,达卡大学还是保留了它旧有的两个指导机构:波尔多大学和巴黎大学。

由此,我们不妨给出两点分析:

——达卡高等研究院被改为大学,这一转变是前所未有的、标志性的,因为这意味着一个完整的殖民地高等教育体系之成型。但我们也要指出,不是每一个科研、教学单位都转变为"系"。对于前述的这个国立医学与药学院,其前身非洲医学与药学院(Ecole africaine de Médecine et Pharmacie)便已经为后面的改革埋下了伏笔。由此观之,单是"学院"转变为"系"这一举措,可以算作是局部的;

——但假如我们从有关大学地位的决议(1896 年 7 月 10 号的法令和 1920 年 7 月 31 号修正后的法令)出发,达卡大学则有着独立自主的声誉。然而,我们不得不承认,波尔多大学和巴黎大学依然对医学与药学院有着管理的影子,哪怕这种管理被称作为"联合管理"(patronage conjoint)。这么看的话,所谓的独立也是不全面的;

——有了这两点分析后,我们可以便看到,

• 殖民地教育机构的这种不全面转变,恰体现了渐进原则。它让人看清了一个法国殖民者的战略思路:不会一步到位,而是用"碎步"的方式进行变革。

• 此外,既然达卡大学一时无法取得全面的独立,那么我们可以认为,法国本土的高等教育依然有着对殖民地的管理权限。在这里,法国奉行的是一套"半开半掩的门"(可谓是受谨慎行事原则的影响)的思路,意思就是说,殖民地不会一下子全部放手,而是时时根据具

第二部分　法国在殖民组织机构方面的战略

体情况行事。

由此，达卡大学这种部分科系独立、部分不独立的状态，正体现出殖民当局要巩固其在黑非洲势力的意志。无论随后的形势如何变化，我们都可以认为，这些都反映着殖民体系的演变。

而且，殖民当局确实有打算将达卡大学打造成为一所法国大学的企图。无疑，法国人的算盘是想一劳永逸地打造出一所法国大学。在1957年法令中的第二、第三条里，就写得很明确：

> "第二条，达卡大学和其他教育机构的地位，等同于法国本土对应的大学和其他机构的地位；
>
> 第三条，达卡大学的工作人员是法国本土大学教育体系员工的一部分。"

这样一种对达卡大学的同化，其实在同年7月29号法令中的第四条便已经明确地规定：

> "（……）适用于法国本土高等教育机构的规定，也适用于达卡的大学和其他 教育机构，尤其是发放文凭、组织考试和划定等级方面。在达卡大学各系设立的教席，至少要和法国本土的大学设立的一样多。"[140]

而达卡大学的校方以及部分当地不太反感殖民的非洲人认为：在法国与非洲双赢的情况下，该大学应该一直是法式的，体现法兰西在非洲的光环。这是因为，法兰西有着开化其他民族的伟大使命。恰是在这个意义上，以下吕西安·佩于1958年向首批博士毕业生讲的一句话，便不难理解了：

>"达卡大学终于可以跻身货真价实的法国大学行列了！"[141]

我们也可以从塞内加尔未来总统列奥波德·桑戈尔那里看出类似的评价。这位法兰西迷曾在达卡大学开办仪式上颇为自豪地说：达卡大学，

>"是一所为非洲服务的欧洲大学、法国大学！"[142]

换言之，法国人和当地人都对殖民者的这个人道的、家长式教育思路感到满意，认为达卡大学的创立，相当积极，因为

>"它是整个法兰西联盟范围内第一所在海外设立、面向当地人民的大学，为他们带来最高水平的文教。"[143]

之所以强调是"法兰西联盟"，是因为我们必须要指出：达卡大学并不是法国在非洲设立的第一所大学。阿尔及尔大学便在 1879 年正式成立，它的科系调整也于 1909 年完成。可读者必须要区分：那时的阿尔及利亚本身就是法国的一部分。

B）人文教育和研究

a）战略上的不可或缺

第一次世界大战前，研究非洲史、社会风俗都只是零星的个人兴趣而已。

那时的研究著作多是探险家、殖民官员或军人对非洲细心观察后

第二部分　法国在殖民组织机构方面的战略

的"非洲体验"。

1915年，法属西非的殖民总督克洛泽主动提出建立法属西非科学与历史研究委员会（Comité d'Etudes Scientifiques et Historiques de l'A. O. F.，简称 C. E. S. H.），旨在出版、整合关于非洲的各种优秀社科成果，并将其投入到现实中去。[144]

一战结束（殖民地军队参战的功绩，可谓不容忽视）及其对殖民地制度的直接影响，都让殖民者意识到：需要鼓励和整合有关殖民地的社科资源。之前个人性质的猎奇或体验，现在让位给了官方的举措，使得学术产出有章可循。我们不妨引用殖民总督布热维耶（他随后成为了法国维希政权的部长）的话：

> "为了更好地管理殖民地，当局应对人种学、殖民比较有所了解，要将各方的努力整合到一起。总之，就是要有一套殖民地的学术研究。"[145]

为此，殖民当局就需要一些有能力的人，例如通晓当地语言的人，以及必要的制度保障：

> "殖民地需要学者客观的、保持一定距离的观察，而不是匆忙落入迫切的政策咨询中。为此，殖民地要有一些配置更好的研究所，要有关于殖民地的学术政策，用经验的方法指导实际的科研。"[146]

布热维耶是根据殖民地学术研究所起到的作用来论述其本质的：

第一章 普通教育

"我们要明确的是，殖民地的学术活动会如何作用于我们的行动。无疑，不存在严格意义上的殖民地学术。自然科学的法则无论在欧洲还是赤道，都是一样的。然而，在非洲这里的学术活动是要为政治行动而服务的。如此一来，学术研究便要面向最迫切的现实形势，找出对策。换句话说，它是动态的、活跃的、与时俱进的。我们的学术研究在其客观公正的前提下，要研究具体、迫切的问题。我们可没有什么功夫浪费在奢侈的学问上。"[147]

最后，这位殖民总督所要的，是一整套有关殖民地的学问，既是关于自然地理的，更是关于人文社会的：

"我们还要提到另外一个关键之处，那便是为殖民行动的学问最终的落脚点是人，是当地人。不管是农业、医学、生物学，我们都应清醒地意识到这条红线。所有关于殖民地的学问，归根到底就是关于人的学问。"[148]

布热维耶说这番话的时候，正值"加大殖民地产出"这一思路在殖民地得到广泛传播之际。与此同时，1922 年在马赛举行的殖民世博会和 1931 年举行的国际殖民大会均在殖民意识形态上有所抽离，而更倾向于加快发展有关殖民地的社科学问。在这个时代，考虑到当地人日益高涨的进步意识，考虑到一批留法非洲知识分子〔例如路易斯·亨克林（Louis Hunkarin）、拉明·桑戈尔（Lamine Senghor）和蒂耶莫科·伽蓝·库亚特（Thiemoko Garang Kouyate）〕的呼吁，对时势了解的观察家甚至估计殖民制度会有所改进。而在开发当地资源的权限交由殖民长官的情况下，殖民当局为了更有效地管理殖民地，急需对当

第二部分　法国在殖民组织机构方面的战略

地人的精神面貌有更多了解。

正是在这种背景下，我们今天要留意两次世界大战之间莫里斯·德拉佛斯的两部著作：《黑人的灵魂》和《黑非洲文明》，要留意法国评论界和殖民当局对汤普尔《班图人的哲学》（R. P. Tempels, *La philosophie bantoue*）的浓厚兴趣。我们还要指出，像人种学这个本质上和目标上均为殖民服务的学问，更是让这样的著作在当地知识分子中受到热捧。在这些知识分子看来，由白人学者执笔的高质量著作，表明黑人并非蛮族，表明黑人也是有自己文化的。可这些知识分子所没有察觉的，恰是这些人种学著作都是为殖民者的统治目标服务。在这以前，法国殖民者还公然宣称黑人的野蛮、劣等。[149]

自此，了解殖民地当地非洲人、尤其是非洲人的文化和思维特征，这成了海外属地殖民当局一个不可缺少的重要事务。[150]

> "意识到要了解当地人的思想，很晚才提上殖民当局的议事日程。这有好几个原因。第一个原因是法国1912年以来连续好几届政府的殖民同化思路。第二个原因是法国议会和公众舆论对殖民地当地的风俗之不感兴趣。"[151]

这种兴趣上的冷漠在1954年受到了管理法属西非的部长罗格·杜沃（Roger Duveau）的批评。这个时候，恰是殖民地颁布1957年法律框架颁布之前。他是这么说的：

> "法国海外殖民社会正经历重大波折。我们要做的，就是要重建这些殖民社会。我们要扶起这些社会，而不是再添油加醋地推它们到火坑，因为这些古老文明有许多值得学习的价值。我们

应该努力，避免它们灭绝。而且，我们要花工夫了解它们。"[152]

为了弥补这种不足，杜沃还指出了解决问题的方向：

"我衷心希望，在法国本土教学的大纲中，会有一些涉及海外殖民地文化的内容，尽管这些地方的文化和亚述、伊特鲁里亚文明一样很少有人留意。"[153]

b）来自行政方面的配合推动

殖民地行政上第一次推进学术发展的举措，乃是殖民总督克洛泽通过1915年法案而创立的法属西非科学与历史研究委员会。

在同年，殖民总督在一份指令中便提到了他的主意：[154]

"深入了解一个地区的历史、人种、地理环境，这有益于该地的管理。这些领域的研究，除了学术上的价值外，还会有强烈的现实指导意义。"

在这些大而化之的考量以外，殖民总督还提及法国在征服完一个地方后鼓励对该地进行研究的传统，尤其是在非洲：

"法国在其对外征服中，利用这些远征大大地推动了学术的发展。法兰西武力上的优势，总是让它的学者不断有新的研究领域。

这个传统，自波拿巴远征埃及起，延续到了莫雷、阿尔及利亚、突尼斯、马达加斯加。现在，它可以伸向摩洛哥。"

第二部分　法国在殖民组织机构方面的战略

而在法属西非,殖民者的学术活动大有可为。已有的学术成果也对殖民者大有裨益:

> "在西非的学术,都受到殖民政府的资助。当地的殖民管理者对这些学术出版物都非常感兴趣。整合这些努力,保证它们持之以恒地进行,让这些成果得到更多人的了解,这便是我设立委员会的原因了(……)"

而在殖民地1915年法案通过之际,殖民总督克洛泽就很有信心,认为

> "法属西非的学术研究,只有在它们有条理地、有章法地应用到实际中,才算是好的研究。"

这个召集了一大片能人——政府官员、大学老师、政客、律师(……)——等的委员按照人员所在地,划分成三类:在地成员,即居住在达卡的委员会成员;通信成员,即居住在法属西非的成员;居住在殖民地以外的成员。

在1933年起,殖民地的许多经验研究都由前述的威廉·庞蒂学校负责。由于希望能对当地的风俗有更多了解,希望当地精英能充当这一介绍媒体,殖民当局便鼓励该校的当地三年级学生开展研究。在学年末,这批学生将介绍他们的研究成果,该成果计入他们的成绩评定中。

不过总的来说,无论是委员会抑或是威廉·庞蒂学校,他们开展的研究都是很有限的。

我们要等到1938年,在殖民总督德·科佩(De Coppet)的倡议下,法国政府才同意在达卡设立法国黑非洲学院(Institut Français d'Afrique Noire，简称 I. F. A. N.）。此举是要和英国人设立罗德列文斯通学院（Rhodes-Livingstones Institut）一争高下，故带有丰富的意味。比方说，在此之前，各领域研究的整合机构均限于其所在的地域，例如前述的法属西非科学与历史研究委员会（C. E. S. H.）和威廉·庞蒂学校仅限于法属西非。又比方说，某一机构仅限于其所在领域，例如达卡巴斯德学院（Institut Pasteur de Dakar）便仅限于人体生物学。现在，这所法国黑非洲学院是放眼整个非洲大陆、跨学科的研究机构，其核心着眼点也和法国殖民部、甚至海外部挂钩。[155]该学院的负责人由德·科佩提名，由一名年轻学者德奥多·莫诺（Théodore Monod）担任。当其时，莫诺是法属西非自然博物馆的助理。[156]

容我们啰嗦一下，这所创立于1938年的法国黑非洲学院，先于1943年创立的殖民学术研究署（Office de Recherche Scientifique Coloniale）。后者也是致力于鼓励、发展、整合法国海外属地的所有学术活动。随后，从行政集权和科研的角度，1948年2月11号的指令便把该学院的所有活动划归到殖民学术研究署管理。[157]于是，分派给法国黑非洲学院的任务，便是在学术方面加强各机构的合作和沟通。我们可以看看1948年指令的第二条是怎么规定的：

"该学院的任务包括：动态地收集各地机构的组织架构情况、学术方向和活动、资金人力和学术成果；

回顾各地各机构的学术历程，在已有方向上提出新的方案，补充或延续已有的研究；

向行政部门提议新的研究项目，研究实施的必要性；

加强各殖民地、甚至非洲大陆研究人员间的交流和联系；

为重要或紧迫问题组织专家或研究团队会议。"

第二部分　法国在殖民组织机构方面的战略

整个法国黑非洲学院的运行，是由一位法国海外部任命的主任负责。而每一个领域，都有一个学术顾问。这些顾问，是由殖民学术研究署在学院主任的提议下指派的。而它负责整个行政事务的秘书，也是这个流程。

我们必须要指出的是：哪怕一些机构的活动确实有一定的行政自主，有权进行管理和执行一些指令，它们却要

> "为法国黑非洲学院服务。尤其是通过一些机构上的大方向、纲领、资金人员手段和学术成果，让学院实现其目标。"

在达卡高等研究院之前（即1950年）、自然也是达卡大学（1957年）之前，法国黑非洲学院是整个黑非洲的唯一一个高等教育机构。甚至在塞内加尔独立前夕，法国人还计划将其改造为一个法属西非研究中心。不过，我们不能忘记，该学院在随后1959年3月21号的法令通过后成为大学底下一个附属学院前，也是经历了法属西非总理事会在1957年大会上提议、法国政府批准这一步骤。

在隶属到达卡大学底下后，这个法国黑非洲学院的任务便是：

> "a）研究西非的历史、文明、语言、艺术、传统社会结构和演变中经历的问题，即人文社科研究；
> b）记录地理和生态情况（资源的分布、储存和保护）；
> c）组建、加强所有能加深对该地认识的数据资料库；
> d）发布学术研究成果，组织展览或学术会议。"[159]

对应着这些目标，法国黑非洲学院在底下设立了多个专门研究分

部。第一分部负责黑非洲的考古和史前史、非洲传统历史、语言学、社会学、人种学。第二分部负责地理方面的研究。第三分部负责自然科学研究，包括（脊椎和无脊椎）动物学、昆虫学、海洋生物学和植物学。除此之外，像以往一样，该学院还鼓励和支持地貌学中心（位于Mbour）和达卡土壤学中心（位于Hann）。

在其跨学科的优势之上，法国黑非洲学院还有一个非常全面的图书馆及其附属的照片、档案中心，覆盖了所有领域的研究成果。在硬件和软件兼备的情况下，该学院还有一些杂志和其他出版物。在杂志方面，我们可以举出《非洲记录》和《法国黑非洲学院资料目录》（该目录的A类涉及自然科学，B类涉及人文社科）。而在其他出版物方面，我们可以举出一些回忆录、入门导读、研究目录、技术指导、人种分布图、非洲植物图、自然保护指南等。

我们还要指出，该学院除了完成科研任务外，还承担培养学生、指导本科学生进入研究的角色。同理，它的部分活动也起到了在大众中普及知识的作用，例如在圣路易、果雷设立面向公众的历史博物馆（其聘请的人员包括前面提到的塞内加尔历史学家阿卜杜拉耶·李），又如在今尼日尔的首都尼亚美（Niamey）、今马里的首都巴马科（Bamako）、今科特迪瓦的首都阿比让（Abidjan）、今贝宁的首都波多诺伏（porto-novo）设立海洋博物馆。

而在黑非洲之外的法国政府，也留意这所学院出版的学术成果。在法国进行一场前所未有的殖民体系改革之际，法国政府对海外属地、尤其是法属黑非洲地区的人文研究成果相当重视。法国政府要琢磨的战略问题便成了：在政治决策中，如何利用学术成果？

在这样一个背景下，法国黑非洲学院就必须承担为殖民当局献策的角色，这甚至涉及到不少风尚、制度的社会心理领域。

第二章 技术教育和专门教育

第一节 技术教育和职业教育

A) 初等教育和高级初等教育

a) 初等教育

1848年,在非洲和美洲的殖民当局决定废除奴隶制。自此,解放奴隶后释放出来的巨大潜力便催生了殖民者经济方面的考量。这些考量,又进而带动起设立职业教育的需要。因此,在殖民长官杜夏多(Duchateau)提议下,一所工艺职业学校(Ecole d'Arts et Métiers)便设立了。用杜夏多在报告中的话来说,这是由于:

"殖民地刚经历的变革,让这个问题变得迫切起来。于是,我便着手研究其可行性。"[160]

在当地社会中,职业教育的这种需求刚开始的时候遇到了一些观念上的阻力。在诸多阻力中,我们要考虑到当地社会对传统工艺行业的认识不足。于是,职业教育便不得不在殖民政策中起到一个双重角色:培养技工和减少偏见。这么一个既是技术性、有带有某种意识形态的角色,在杜夏多底下的委员会看来,是:

第二部分　法国在殖民组织机构方面的战略

"塞内加尔比别的地方更需要合格的劳动力。可就是在这里，人们对体力活抱有偏见，认为是低等劳作。因此，土地荒废，空有许多闲杂人手。而塞内加尔河所带来的贸易，由于竞争而带来的贸易增长，则几乎没有人愿意提供劳动力，没人愿意参与市镇或水路的建造。

因此，我们一定要给这个游手好闲的群体以培训的机会。这样的培训，将和当地的资源和发展需求挂钩。"[161]

在 19 世纪中叶，旨在设立技术教育（主要是工业和农业培训）的真诚努力，偶尔甚至会得到殖民当局的支持，但总的来说它们都无功而返。

而在费尔赫布到达殖民地之后，殖民政策便有了大的调整，倾向到强调当地社会的福祉上来，尽管归根到底，法国人还是要企图要征服整个国家。诚然，此时的殖民活动既需要资金，又需要技术劳动力。然而，殖民的扩张、尤其是它和当地首领日益紧密的接触，都要求培养出大量翻译。如此一来，这些翻译便成了殖民当局和当地人之间做生意或一些政治活动的必要中介，而且按理应该是双方都信得过的人。而翻译人员本身也明白，自己是极受重视的一群人。[162]

在法国殖民者对塞内加尔的征服越来越深入之际，对翻译人员的培训没有遇到多大问题。这其实是招募一些受过基本培训、会说法语的当地人。这并不花费许多培训资金，但对殖民当局重要的是：要确保这些人的可靠性。借用长官多德（Dodds）的话，便是：

"我们要给那些直接和我们打交道的当地人足够的信任，让

第二章　技术教育和专门教育

他们参与到我们的工作中。为此，我们就需要一些精通我们语言、绝对信得过的中介。"[163]

在 19 世纪末，有两大因素会影响到当地的翻译人员：一、殖民地教育的相对普及；二、法国对殖民地的军事征服进入了一个平稳期。

• 事实上，随着塞内加尔国内腹地也渐渐被法国占领，殖民当局便在当地设立了学校。这些学校，便起到了"拉近"殖民者和当地人距离的作用。而教育（尤其是法语的推广）的相对普及，使得之前懂法语的中介变得不再那么地不可或缺。

• 其次，随着法国的军事征服进入平稳期，殖民当局便慢慢建立起当地的行政管理架构。这些翻译人员，便有不少受雇于行政机构中，尤其是参与到需要和当地人直接打交道的部门，例如法庭。如此一来，组织好翻译、让他们觉得自己有用，便非常有必要。1862 年，为了确保翻译人员在行政管理中的可靠、高效，塞内加尔长官乔雷吉伯利（Jauréguiberry）便下令组建一批专职从事法庭翻译的工作人员，并支付可观的薪酬：

"考虑到不同语言的翻译在我们工作中起到的重要性，考虑到我们和当地在政治、贸易关系上的利益；

殖民管理部门不能在挑选翻译人员时严格把关，这是因为这个翻译群体没有得到适当的收入保障……"[164]

而在 1862 年之前，费尔布赫便在"专业"翻译队伍问题上意识到：通过这些翻译人员，可以收到确保法国在殖民地利益的效果。例

第二部分　法国在殖民组织机构方面的战略

如在 1856 年，费尔布赫自己创办的望族子弟学校，起初是为塞内加尔、乃至整个黑非洲培养政治行政人员的，后来便由官方宣布，变为望族子弟和翻译学校。我们随后会再回到这一点上。然而，我们现在要指出的是：促使该校成立的因素，恰是一种从翻译人员的纯粹技术性功能（充当语言中介）到政治性功能（例如殖民当局要向当地人传递信息）的过渡。

因此，殖民当局在 19 世纪末便意识到筹办职业技术教育的战略必要性。

例如说农业教育，它对应着三个层面的迫切需求：宏观经济层面的（非洲的国家从根本上来说还是农业国），微观经济层面的（农民希望提高自己的生活水平）和技术层面的（为务农劳作的人提供现代种植方法）。于是，一些带有种植园、农场的学校（一般是附带在地区学校底下，其发展则在 1914 年大纲中明确规定）以及一些培训中心便设立了。比方说，一些（培养农业监工的）学习中心、技术学校，还有一些（培养农业生产副手的）高等学校。

而在其他领域，工业生产或贸易上的知识则由以下学校传授：行政商业学校（创办于 1916 年，旨在培养殖民行政管理和商贸的会计人才）、国家印刷部门底下的课程（旨在培养打字员、印刷员和装订员）、航运学校（创办于 1925 年，旨在培养当地从事航运人才）。

最后，我们要提醒一句，所有这些职业性的分部都隶属于地区学校或城市学校，有时还会得到来自贸易部门的支持。

b）高级初等学校、种植园和筛选中心

法国在黑非洲、尤其是在塞内加尔的高级初等教育，主要体现为两大特色：一是其功利主义的导向；二是其渐进原则。

第二章　技术教育和专门教育

在 1903 年决议的第三条"有关高级初等教育和商贸教育"中，纯技术性的高级初等教育被明确提出。这是一个为后面职业生涯而设的分部。所谓的"高级初等学校"（Ecole primaire supérieure，简称为 E. P. S.），原则上面向持有初等学习证书或毕业自城市学校的学生。该校的学制为两年，但在当地劳动力紧缺的情况下也可以缩短为一年。

作为一种为后面职业直接作准备的学校形式，高级初等学校的定位在 1918 年决议中得到了明确：它固然是要培养"一些殖民管理、商贸和工业生产方面的小干部"，但比往常更多的是，它应培养一些随后能进入高级技术教育领域学习的人才。

不管如何，1918 年的这个决议把法国本土已经施行的职业教育思路移植到殖民地上来。

> "从本质上来看，高级初等教育学校是一所职业培训学校。它强调那些应用性的知识，让学生掌握后可以在实际工作中运用。入读这类学校的学生，一般处在思维定型、有能力学习终身受用本领的阶段。然而，他们能学习的时间并不长，最多无非三四年，而且常被紧迫的工作需求所缩短。在这里，总是有一种求快、求实用的迫切性。"[165]

这段话清楚地表明了成立高级初等学校背后的社会动因：面向那些急着要短期内找到工作、维持生计的孩子。放到法国的话，这类学校面向的社会阶层多是中下层的。

但在黑非洲、尤其是在塞内加尔，高级初等学校的招生却是面向当地条件较好的家庭，且他们甘愿"献身法兰西的大业"。于是，在纯粹技术方面的功用之外，我们不应忽视涉及社会、政治的功用，哪

第二部分　法国在殖民组织机构方面的战略

怕这听起来有点自相矛盾：依靠当地条件较好的阶层，力图对殖民地进行永久统治。而且，在资本主义扩张的大背景下，殖民者恰恰需要这样的社会关系来营造和平气氛。一言以蔽之：让这个阶层的人接受法国殖民者给出的"新生活方式"，而又能维持他们在当地原有的声望。因此，尽管高级初等学校声称是面向当地所有的孩子，但它

"（……）在操作上颇为仔细。事实上，它总是照顾那些享有声望、有益于传播法兰西文明的家庭出身的孩子。它所谋求的，也恰是利用这些声望为殖民者的意图服务。"[166]

因此，在殖民战略层面，高级初等学校应同时是职业培训和社会分层筛选（这些的"筛选"，指是否名门出身）的场所。如此一来，这类学校的教学内容便应较为全面，而非像专门学校那样。

第一次世界大战后到第二次世界大战结束时这段时期，法国殖民者无论是在法理抑或是实际上都一直奉行这种思路。1924年5月1号的指令第32条便扼要地概括了设立高级初等学校的功利倾向：

"高级初等学校旨在在每个殖民地推广一种普通教育。
1）让当地望族的后代接受教育，以便让他们日后能辅助我们殖民地的管理；
2）为日后政府的学校培养人才，以便培养出当地干部；
3）直接培养干部，而数目根据实际情况而定。"[167]

在二战结束时，殖民当局更是赋予上述这三个战略目标以更广泛的内容。根据1945年8月22号的指令，高级初等学校负责的内容有

第二章　技术教育和专门教育

所扩充，包括：

"1）巩固和增加初等学校所教授的知识；

2）让部分学生进入中等阶段的学习。"[168]

这样的举措，配合了二战结束时的中等教育政策。它还为1947年高级初等学校的改造打下来了基础。这种改造，标志着由之前直接培养职业人才（培养当地中介）或短期培训（培训学生）向培养一批有利于法兰西联盟的当地知识精英（即培养的学制有所延长）转变。

我们可以举出数据说明，例如在1946年，法属西非的高级初等学校有一较高的入学率：塞内加尔共有两所，一所在圣路易（178人），一所在达卡（142人）；几内亚共有两所，均在克拿科里（共181人）；科特迪瓦有一所，在阿比让（275人）；达荷美有一所，在波多诺沃（131人）；苏丹有一所，在巴马克（199人）；尼日尔有一所，在尼亚美（91人）；毛里塔尼亚有一所，在罗索（53人），它受到圣路易学校的监督。[169]从1942年开始，女子高级初等学校便首先在达卡开设。而在1943年，它的一个分校开到了圣路易。

经这么一罗列，年代最悠久的高级初等学校便要数圣路易的布朗肖学校（Blanchot）了。这所经1916年9月8号指令通过并受塞内加尔政府直接领导的学校，有一个师范课程和五个分部：

- 师范课程，主要是培养校监的（主要在乡村地区）；
- 笔记员、打字员和出纳分部；
- 邮政和电信分部；
- 农业分部；
- 手工业分部。

第二部分　法国在殖民组织机构方面的战略

高级初等学校之创办，旨在培养一批满足殖民当局经济利益和管理需要的人才，这便反映出前面我们提到的三个殖民战略原则：行政集权原则、同化原则和功利原则。

以布朗肖学校的设置为例，它的分班便标志着某种战略分工：一部分学生入读行政方面的课程；一部分是工业的；还有一部分是农业的。在这个意义上来看，这种设置很好地满足了殖民当局对人力资源的经济需求。

而且，这所学校还招募塞内加尔持有初等教育证书的学生。这些学生，有的毕业于地区学校，有的毕业于城市学校。自1916年起，它有了某种设置上的调整，以便为学生准备殖民政府专门学校的入学考试。而在1927年，它有很大的调整力度：学制一般是两到四年，头两年是公共课，后两年是为日后职业作准备的专门课程。而在公共课结束后，学生们对教师职业感兴趣的，可以参加威廉·庞蒂学校的入学考试。

B) 殖民地的高等教育

a) 威廉·庞蒂学校：法兰西-非洲文化之家

威廉·庞蒂学校的前身是成立于1903年的圣路易教师学校（Ecole des Instituteurs de Saint-Louis）。那时由殖民联邦发起的教育改革力度很大，涉及当地教师队伍的培养。此外，该校当时还培养翻译和伊斯兰法官。

根据前述的渐进原则，该校在停止了对伊斯兰法官的培养，也停止了对附属人员的培训。对后者的培养改由费尔赫布学校来承担。而在1913年5月7号指令下，圣路易教师学校有了又一个重要改革：教学内容要更广（增加更多自然科学和数学的课程）、更深。此外，殖民总督庞蒂通过了将该校搬到当时整个法属西非的首都果雷。这个决定，既体现着殖民者对该校自身联邦属性的看重，又意味着在整个联邦殖民教育体系中该校所占的位置。

而在1914年，威廉·庞蒂便去世了。于是在1915年，这所之前由他本人精心打造的学校，便以他的名字来命名。紧接着在1916年4月12号指令后，当时的殖民总督考虑到该校地位之重要，便调整了该校的入学条件。而在1917年8月18号指令下，该校则被改为一所严格的师范学校，有着明确的定位。

我们不妨借1918年的决议来回顾这所学校的历程：

"法属西非教师学校，即威廉·庞蒂学校，由殖民总督管理。它旨在培养负责法属西非管理团队的普通教师。"[170]

如前所述，第一次世界大战结束后的法国，要重新审视在黑非洲的殖民部署。怀着对当地人参与一战、为法兰西"祖国"牺牲的感激之情，法国不得不对当地人采取新的社会政策，向他们示好。与此同时，它也试图培养一套能负责殖民地（经济和行政上的）事务的管理班子。比方说，1918年医学院成立；又比如，一套招募行政人员班子的体系逐渐成型。

因此，无论在教学内容还是在架构设置方面，威廉·庞蒂师范学校都是殖民地唯一一所可以满足殖民者战略需求的机构。然而，由于它是一所"师范"学校，因此无法在名义上肩负起这个新任务。结果，它便在形式、制度上有了一些调整。具体来说，1921年，费尔赫布学校被并入威廉·庞蒂师范学校。按照1921年4月21号指令的规定，调整后的学校包含有两大部分：

第二部分　法国在殖民组织机构方面的战略

● 第一部分涉及教育，它以各殖民要地开展竞考的方式，为法属西非培养教师，为期一到三年不等；

● 第二部分包括三个分支，有行政、邮政管理分支，海关与商贸分支，医学院备考分支，为期均为三年。

我们要指出的是，随着法属西非殖民地统治的时势需要，联邦殖民当局依据渐进原则（在这里，"渐进"指的是在殖民技术教育之上，增设高等教育这一环），在威廉·庞蒂师范学校那里增设培养当地临床医生的学位。而在圣路易师范学校搬到果雷之前，它所隶属的威廉·庞蒂师范学校恰是在行政分支的教学方面有点吃不消。

殖民总督卡尔德通过1924年5月1号指令后，教育机构的精简便呼之欲出。像威廉·庞蒂师范学校的办学目标，便是要培养中等教育的教师和报考医学院的学生。这两大部门便是前述的"教育部分"和"医学部分"。而1924年的决议，则在1925年7月15号和10月20号、1927年6月17号和1928年8月8号几项指令下有所调整。[171] 不过，在果雷那里的师范学校并没有受到这些调整的影响。

由于果雷是一个风景优美的岛，便有了某种地理上不受外界影响的优势，例如全心投入学习。但同时，它的不足之处在于：它没有办法为越来越多人读的学生提供更宽敞的教学场地。而且，就其为整个非洲大陆培养教师这一目标而言，囿于一个小岛（这个岛一般是靠达卡的水进行灌溉），在岛上进行农务的培训，是不是殖民当局应选择一个更恰当的地方？

结果，1938年，威廉·庞蒂学校便搬到了离达卡四十公里处的塞比科坦。在塞比科坦的校园，占地面积有350公顷，而整个果雷岛的占地面积也无非是27公顷。这可是开展各类教学实践活动的好机会……

第二章 技术教育和专门教育

在那里，该校需要有足够的办法来履行殖民当局制定的战略：这所体现西方殖民文化、俯视其他一切学校的教育机构，需要把当地年轻人融合好（体现为带有集体色彩的当地文化），并让他们来发扬某种法兰西非洲文化。为此，该校便在高级初等学校和殖民地私立学校的优等生中挑选生源。这种战略思路，在法属西非、甚至在1943年的法属赤道非洲，都是如此。而从集中招募的便利角度考虑，该校的入学试题只是从之前高级课程中的试题中选取，大致如下：法语拼写、法语写作、算术、大纲课文提问（历史地理课，或自然科学课）以及一个各项写作的总评分。

在前述的"教育部分"中，所谓专门的课程主要指理论教学及其在威廉·庞蒂附属小学的实践应用、文学和通识教育、第三年假期所布置的作业，这些都面向那些希望获得学校文凭或初等证书的学生。从1928年起，持有初等证书的学生可以在老师的同意下入读高级专门课程，之后获得高级证书（Brevet supérieur，简称 B. S.）第三年结束时，学生需要参与毕业试，通过后方可获得学校文凭或初等证书（许多希望获得初等证书的人，一般是希望再入读中等教育课程……）。

另一方面，一些涉及几何、物理、化学甚至生物基本概念的专门课程，则主要被安排在第二年、甚至第三年教授，这些课是面向那些希望入读医学院的学生的。医学院的录取，有教师理事会宣布。

从殖民战略的角度，我们可以认为：威廉·庞蒂师范学校很好地完成了它创办时的目标。[172]

这所由殖民总督直接管理的学校，可谓是日后推广法兰西文化的学术摇篮，是维护殖民统治机器运转的预备班。"庞蒂"这个名字，已经象征了法国殖民者的教育策略。然而，倘若我们考虑到整个殖民统治的大战略，那么学校这一环节至少在短期和中期都不能算达到其

第二部分　法国在殖民组织机构方面的战略

预定目标：培养一些非洲当地精英，让他们巩固法国的殖民统治。如我们在别处可以看到，[173]这所学校是孕育非洲民族主义、反殖民主义最重要的几个思想阵地之一。从这里出来的几位有才气的年轻知识分子，后来让殖民当局也倍感头痛。

威廉·庞蒂学校一直在塞比科坦开办，直到20世纪60年代中期。从20世纪50年代开始，庞蒂学校便一步步失去其联邦属性。不过，直到今天，威廉·庞蒂学校毕业的校友依然回味着当年如家庭般美好的校园生活。

b）医学院：文化重心

在1906年1月7号指令后，殖民总督鲁姆在达卡设立了一个医疗救助队，面向当地人。

不过，要等到1916年一系列流行病重创当地人之后，殖民总督才意识到：有必要在达卡设立一所医学院。然而，殖民战略在其具体实施对策上却没什么含糊之处：像师范学校给出了漂亮成绩单那样，设立一所偏重实践的医学院，也会给当地带来实实在在的好处。

在第一次世界大战结束后，殖民地的教育体系有了质的飞跃。"为了向非洲当地人民表达救助过法兰西祖国的感激之情"，殖民当局宣布，这样的飞跃应体现在"社会福祉的各方面大幅提高上"。如此一来，1918年6月9号法令后，法属西非医学院便被设立了。该学院还附带一个助产士分部、一个兽医分部以及一个实习医院分部（该医院成立于1913年，由达卡大区管理）。而在1919年，实习药剂师分部也成立了。

1924年，兽医分部搬到了巴马科，并于次年成为了一所自治的兽医学院（Ecole de Médecine Vétérinaire Autonome）。与此同时，考虑到该校毕业生的专业素养，殖民当局决定：从此培养一些"附属医生"，而非"助理医生"！而 1925 年 3 月 26 号法令中更是直接采用了"当地医生"（indigène）的称谓，规定：医学院的任务，便是培养当地的专业医护人员。正是从这个时候起，我们开始有了"非洲医生"（médecin africain）这种提法。其架构编制在 1944 年得到了调整。

无论怎么说，医学院都起到了不可磨灭的作用。不过，它的毕业生却没有资格为欧洲人看病，而只能在当地人的圈子里行医。由此，我们可以看到殖民者带来的现代医学之高高在上。在这个意义上来说，医学院的设立，可谓是殖民战略里教育政策和文化政策的一步妙着。

第二节 专门教育

A） 针对特定阶层的教育

a）"高等"阶层

1）被遗弃的混血儿

混血儿被遗弃的现象，在各个殖民地都存在。而在黑非洲的圣路易、果雷和达卡，这很早就有了。而且，圣路易在当地语言中的称谓（doomu Ndar）本身就有"圣路易之子"的意思，这个称谓与"圣路易当地人"的称谓（Ndar Ndar）不同，已经带有被家庭遗弃的意思。具体说来，"doomu Ndar"指的是既非纯种当地血统、又非一般异族通婚的情况下出生的孩子。

固然，这些孩子中的一部分，尽管没办法说清楚法理上的父母亲，却在法律许可的情况下由父亲出资抚养。我们可以举殖民总督费尔布赫的两个孩子为例，他其中一个孩子是未来的殖民步兵长官。又或者，后来殖民地继任总督庞兹奥（Ponziaud）和一个混血女性结婚产下一

第二部分　法国在殖民组织机构方面的战略

女，该女的名字同时带有父母双方的姓，特别彰显其父的声望，也因此获得了很好的受教育的机会。1937年，她便被法属西非医学院录取。

可绝大多数这类混血儿都只能无奈地自力更生。如乔治·哈代所说：

"混血儿很难避免精神失衡。因为，他们的父母很难一起白头到老。常有的情况是，父亲要在不同殖民地间调动工作，或者是回到法国本土，又组建一个家庭，而且殖民地诞下的孩子不允许跟随生父。至于孩子的生母，只好返回原来的乡村，或者'跟从另外一个欧洲或当地的丈夫'。而可怜的孩子，便无法再见到生父或生母，有时甚至是无法见到父母双方。哪怕生父继续寄钱来抚养他，哪怕生母没有遗弃他，他也会处在一种几近孤儿的情况中，而其生父母却都还在世。"[174]

于是，抚养弃儿的责任又重新落回到殖民当局的肩上。出于社会和人道理由，殖民当局出面保证或鼓励对弃儿的保护。于是，一些"混血孤儿院"及随后的"混血儿之家"便在官方意志下成立了。这些名称，与其说是"恰当"，还不如说是"让人心酸"的。在这些地方，虽说是离开了生父生母的家庭环境，这些孩子还算是在一个不带苦难和死亡威胁的地方成长。

在法律框架内，这些孩子的处境要由具体的法律条件、当地宗派、学校的教育导向、该校对未来的展望以及就业安排而定。而为了对最紧迫、最不幸的问题采取补救措施，这一方面的需要便比其他方面的更应该优先考虑。在这个意义上，孤儿院或混血儿之家等机构很晚才

第二章 技术教育和专门教育

被纳入黑非洲殖民教育体系。1924年5月1号的指令便写明：

> "每个殖民地均应尽可能地接收出于道德或经济理由遗弃的混血儿或孤儿。它应向这些混血儿或孤儿提供实际指导，让他们能过上体面的生活。"（第25条）

实际上，这些孤儿院其实大多数都由殖民地的私立孤儿院出资运营。例如在毛里塔尼亚，就不存在孤儿院。即使在这个地方有混血儿，那么数目也是很少的一部分，因为在当地人的传统伊斯兰观念中，所有来自欧洲的东西都是"不信道"的人带来的。而沙漠中游牧民族较为世俗、蓬勃的传统，又打消了法国殖民者在塞内加尔附近另谋新殖民地的念头。然而，殖民当局资助这些私立孤儿院。同理，在有需要的情况下，殖民当局会把一些孤儿送到其他地方的孤儿院，例如1936年至1937年四位在巴马科的孤儿便被送到了苏丹。[175]

从法律地位上来看，这些孩子除了能获得体面生活的一小部分，很少能有被同化为欧洲人的。他们接受的教育，和其他非洲当地孩子差不多，都从六岁开始。从六岁到十五岁，他们完成初等教育。在此期间，基督教团体会主动给他们上一些宗教课程。而女孩，则会接受一些家政指导，为将来妻子的生活做准备。正常来说，他们会继续入读高级初等学校。随后假如通过考试，便会入读联邦学校。

无论是哪种情况，除了那些出身优越的，剩下的混血儿都和其他当地人一样要为不同层次的不同职业作准备，一般多是执行、从属性的职业。我们要指出，尽管"被同化"这一地位不为他们自己所决定，但他们在各行业中的安置却比其他人相对容易，因为按照不成文

第二部分　法国在殖民组织机构方面的战略

的习惯，他们是就业市场上会受到优先待遇的一批人。

最后，尽管这个混血儿群体的处境看似是一种"社会现象"，学校的老师往往在暗地里为他们穿针引线，组织他们和母亲团聚，让他们更好地融入到社会中。毕竟，这个群体在当地人眼里既不被看成是欧洲人，也不被看作是一群有身份的穆拉托人*，而且还不太有当地人的自我认同。对此，雷诺·莫里涅（Renaud Molinet）这么写道：

"（……）孤儿院的负责人，有点像这些孤儿的父亲，伴随他们成长。而让这些孤儿相互通婚，这可让殖民者费尽心思。这些负责人很清楚，混血儿的前途很大程度上取决于家庭本身的地位。倘若人们想撮合一对均出身自名门的混血儿，那么就得人为地赋予他们一个重要的地位。"[176]

以上，便是殖民地被遗弃混血儿教育的全部发展了。

2) 望族之子

倘若刚才所讨论的被遗弃混血儿教育，是一种殖民当局不得不硬着头皮去面对的问题。那么当地望族之子的教育可谓殖民者必不可少的任务，因为它有着深刻的社会政治意涵。当地望族，是殖民当局借助翻译、要与之打交道的对话人。有了这些翻译人员参与双方的沟通，这些望族的声望便有所减损。这是一种让他们生疑、甚至抵触的状况。而在殖民当局看来，为了更好地巩固统治、确保安宁，殖民者便在望族中挑选子女，送他们接受亲法兰西的教育，让他们随后在当地施展

---

* 法语 Mulâtre 源自葡萄牙语 mulato，指的是欧洲人和非洲当地人诞下的混血儿。——译者注

第二章　技术教育和专门教育

号令,以便配合殖民者的统治。

在这种背景下,殖民总督费尔赫布于1856年设立了望族子弟学校。他这么写道:

> "我们相信,培养几个当地精英对我们传播法兰西文明的使命会有很大促进,同时也能保证我们招募到满足不同语言需求的翻译人员。于是,我们便设立了最初所谓的望族子弟学校。后来,出于尊重望族声望的原因,我们便把该校更名为望族子弟与翻译学校。"[177]

不过,我们必须指出,就连"(望族)首领"一词也有含糊之处。

> "根据布伦斯维茨的定义,'首领'一词可以指严格意义上的国家元首,也可以指管理村庄、某个族群的当地权威(……)和大国君主类似,这些当地权威对不同的群体有着受到承认和尊敬的权力认同。"[178]

我们可以把这种定义引申到非洲传统望族那里。对殖民当局来说,关键问题是要设立一些教育机构,通过一定的政治、意识形态策划,拉拢这些代代相传、在当地有着道德感召力的望族。殖民当局瞄准这些实行长子继承制的当地人推广教育,意图自然是想削弱望族的权力,加强法国行政机器权力。而当地殖民长官,则需要和这些望族首领沟通协调,了解当地民情,通过他们来维持当地秩序、甚至动员一些技术工程。

因此,考虑到这个以前威震四方、现在却要听命于法国殖民者的

第二部分　法国在殖民组织机构方面的战略

地方首领的地位变迁，我们应如何去把握望族首领之子入读法国学校、"为法兰西大业作贡献"这一现象呢？

在那时，殖民学校起着一种逐渐塑造当地社会的角色。同时，它又小心翼翼地和望族首领来往。至于他们的孩子，殖民当局的策略也同样可以用以下三个原则来作为我们的观察点：

- 功利原则。它回应了法国殖民者企图深入当地、打入非洲内陆等政治、社会需求，以及因此连带出来的对设立行政机构的迫切性；
- 行政集权原则。它瞄准了当地掌权的人，也就是那些行政上、政治上能够发号施令的首领。概括地来说，便是影响、驯化每个当地的主导性命令因素，让他们听从法国殖民当局的命令；
- 同化原则。它意味着，要推广教育、壮大法兰西的影响，让当地人接受殖民统治的好处和法兰西文化的优越性。

从 1856 年起，望族子弟的入学在接下来的 15 年内均在费尔赫布在圣路易创立的学校中进行。随后，它经历了出于资金原因（而非政治原因）而停办的阶段。直到 1892 年，它在"望族子弟和翻译学校"的新校名下重新开办。

1903 年，随着法属西非及其属下教育部门的设立，殖民当局便要更谨慎地对待这些望族子弟。于是，它便把他们安排到当地高级编制的培训中。因此，前圣路易师范学校的第二个大部分（即负责行政的那部分）便包含三个培训分支：翻译培训、宗教法官培训及当地首领培训。值得指出的是：根据 1903 年 11 月 24 号的指令，殖民当局对这些望族首领毕恭毕敬。而考虑到望族子弟日后会起到的政治、行政作用，殖民当局不会要求他们参加录取委员会主持的入学考试。要知道，根据指令第 39 条，这个录取委员会的成员，可是由殖民总督任命的。

与此同时，在殖民地教育部门的指示下，高级初等学校有义务尽可能多地招收望族子弟，以便确保这些人受到更好的教育。而在 1924 年 5 月 1 号指令中，入学受教育是他们的义务。至于剩下的那些平民孩子，则要等到 1950 年才被要求接受义务教育。值得一提的是，1933 年 4 月 15 号当地指令头一次规定：殖民行政机构的秘书要聘用当地人；望族子弟学校要进行重组，以便让这些子弟会"发自内心地接受殖民当局的领导，对下级发号施令"。

总之，我们后面会再次看到，培养这些当地望族子弟，目标总不外乎是：让传统的当地势力成为殖民统治机器的一部分……

b）平民阶层

1）穆斯林阶层

＊殖民者的强制意图

费尔赫布在其上任殖民总督之际，便已经意识到伊斯兰教在当地人中的道德感召力，掂量到这些当地人在随后法国深入塞内加尔腹地时所起的重要作用，同时也理解到他们对伊斯兰宗教教育的不抵触。于是，这位总督便采取了一个较为温和的态度，希望"赢得当地对法兰西大业的支持"。自然，他采取的策略便有了一种双重性：

• 要向当地人展示法国教育之有用，同时提供阿拉伯语的教学，消除当地人对殖民教育的戒心；

• 允许宗教教育，同时对之进行管理，以便确保殖民当局的行政管理，让殖民地教育接近法国本土的教育。

当时，

第二部分 法国在殖民组织机构方面的战略

"考虑到殖民当局最费心的问题之一,便是为当地孩子提供足够的教育;

也考虑到法国政府关怀当地所有群体、进而绝对不会忽视穆斯林家庭的子女教育",[179]

殖民总督费尔赫布便通过 1857 年 6 月 22 号指令,对伊斯兰宗教教育进行管理。自此,伊斯兰教经学校,便只能在一个双重条件下方可运行:

- 要先获得殖民长官的书面批准,该批准需要征求一个研究委员会的意见;
- 让适龄上学的孩子入读法国学制的夜校,让他们接受法国的教育(课程主要是法语及基本算术)。

凡此种种背后的意图,就是让当地望族、伊斯兰教修士接受法国统治的必要性。正如罗兰·柯林所恰当地指出:

"这种新的策略导向,是试图让伊斯兰教修士无形中成为推广法语的棋子。学习伊斯兰教知识的学生中年纪最大的那一批人,他们掌握法语。我们就认准他们,让他们来扎扎实实地推行法语。"[180]

可殖民者的如意算盘遭到了伊斯兰修士的抵制。无论是瓦利耶(Valière)主政时期(1870 年)抑或是后来 1896 年 5 月 9 号指令时,伊斯兰修士都反对殖民者这种变相渗透和削弱,也反对殖民当局一切形式的强制推行。在宗教人士的积极牵线下,传统学校反而在塞内加尔内陆地区在伊斯兰教的推广下如春笋般涌现。*

就连在19世纪末越来越世俗化的殖民当局，也不得不面对一个事实：

"由于我们的不作为，伊斯兰修士所主导的教育和我们的官方殖民教育形成激烈的竞争关系。"[181]

* 融合策略

从上可见，殖民地的教育恰好在国家（即法国殖民者）和宗教（即伊斯兰教）两者的拉锯上。然而，从策略上来看，法国殖民者有以下三个备选方案以应对这个局面。像乔治·哈代所概括的，有：

- "推广基督教文明策略"，即宣传和推广基督教道德，甚至让当地人皈依基督教；
- "政治策略"，即根据时势，让殖民当局和当地不同的宗教进行策略性合作，使宗教充当联结当地民众和殖民者的中介；
- "世俗化策略"，它要处理的问题在于：

"由于宗教是拉近殖民和当地人距离的最大障碍，那么，就应该用间接的方法使殖民地的教育不带宗教色彩，或者说找一种不需要宗教根基的道德。"[182]

第一种策略，从来不曾试用过，因为当地人对法国殖民者主导的

---

* 这些伊斯兰力量包括：苏菲穆利派（Muride）的宗教长老有位于 Baol 的 Ahmadou Bam MBacké；而苏菲提沽派（Tijane）的宗教长老有 El Hadj Omar 的徒弟，他们武装反抗费尔赫布；而在 Saloum 和冈比亚，则有 Mabba Diakhou Ba 和 Abdoulaye Niass；在 Casamance，有 Mamadou Lamine；在 Cayor，有 Elhaj Malick Sy。——译者注

第二部分 法国在殖民组织机构方面的战略

皈依基督教非常抵触。而第二种策略,从本质上来说可谓适应不同具体形势,也由于前面我们提到的障碍而无法奏效。那么,似乎第三种策略,应该是最不招惹当地人反感、最能推行的了。

要找出有效、有力的教育策略,这便成了殖民当局的当务之急。显然,这考虑到当地人可能引起的抵触情绪,但更要符合殖民者的教育战略。于是,为稳妥起见,殖民当局便把伊斯兰宗教教育策略性地纳入了殖民教育。换句话说,这套教育要借助宗教教育:

• 即借助伊斯兰隐士("marabout"一词,指能指导人灵魂升华的穆斯林隐士),要懂得其内涵;

• ……同时,它也要谨慎地融入法兰西教育的元素。卡米·吉的报告就这么写:

"我们也预计到了,阿拉伯语应成为学校课程的一部分。这也许是解决问题的唯一方法,减弱校外那些伊斯兰修士的影响,但又不至于和当地人的观念产生大的冲突。由此,所有的教育便能毫无遗漏地置于殖民当局的监管底下了。"[183]

2) 成人

*成人教育课程

19世纪中叶,成人教育开始在殖民地设立并有了一定程度的发展。它主要源自三大因素:

• 当地那些已经超过入学年龄的人,希望能掌握"读、写、算术";[184]

• 殖民学校的老师希望把落后的当地人提升至法兰西文明的水平。这些老师,除了夜校,有时还会给成人开设一些假期课程;

第二章　技术教育和专门教育

- 殖民当局"把当地人拉拢到法兰西大业"的雄心，或者是希望当地人掌握工作中基本能力。我们还不应忘记，殖民教育政策本身就划分了少部分"受过教育的人"和大部分"未受教育的人"的泾渭。[185] 于是，在面向特定年龄的学校教育之外，给大多数成人普及教育也是非常必要和有益的。开设成人教育，在下面这个理由前更显得紧迫：

> "尽管学校已经招收了不少孩子，但它依然只触及非洲当地群众中很少的一部分。倘若我们想要赶紧为现代社会的经济、政治活动提供智力支持，那么提供当地社会的平均水平便非常必要。"[186]

在这些考量之下，1916 年决议的第 2 条便规定：在乡村学校、地区学校和城市学校之外，初等教育应包括成人课程（即为那些超过适当学龄的成年人开设的夜校）。

然而，殖民当局很快就意识到要扩大成人教育的途径，开办成人的继续教育课程。而这一课程，延续到了今天。我们看看它开办的理由：

> "成人课程，原则上是面向在殖民机构工作或年纪过大无法在白天上课的人士。它是为了：1) 补充和增进已经掌握的知识；2) 让不懂法语的人接触法语口语，随后再接触法语阅读和算术。"[187]

在这个意义上，我们可以认为：成人课程，既起到类似学校的作

第二部分 法国在殖民组织机构方面的战略

用（就面向那些不懂法语的人而言），又收到正常求学阶段之后的效果（就面向那些在初等教育和社会生活之间没有再接触过中等教育、且仍有学习动力的人而言）。

在殖民者的战略中，为当地成年人提供教育，在第一次世界大战之后更突显其重要地位。我们可不能忘了，这段时期，恰好是整个黑非洲、尤其是塞内加尔教育大规模普及的时期。这时的成年课程，都是免费的。它一周有几次课，一般是晚上在市中心组织一个班、甚至几个班的授课，面向一群较为固定的学员。[188] 此外，学校的教员对这些成人课程的开办也有重要作用。

> "固然，是教员主动请缨，经行政部门同意，方可组织起成人课程的。倘若教员一个月内能召集到三十来个学员，那么他便向当地行政部门上报。倘若这种做法可行、且已是一种既成事实，那么行政部门能会出面创办官方的成人课程，并推广至大众。"[189]

* 基础性的教育（éducation de base）

和成人教育类似，基础性的教育也起到了常规学校教育的补充作用。然而，从殖民者的角度，这种基础性的教育自其概念首提之初，便有着四大特点：

• 首先，它在理论上不按照年龄来划分特定群体，而是瞄准那些被法国人认为"和殖民当局还不够亲近"的当地人；

• 其次，倘若我们认为前述的成人教育属于一种正常求学阶段之后（post-scolaire）的教育，那么基础性的教育就可谓是一种正常求学阶段之前（anté-scolaire）的教育。它应该为常规学校教育铺路：

第二章 技术教育和专门教育

"基础性的教育有着多个目标。它起到的作用是在尚未设立学校的乡村那里为当地人普及最基础的知识,使得他们可以具备改善生活、进入常规学校学习的能力。"[190]

- 再者,它面向的群体范围应该比前述的成人教育还要广。事实上,

"基础性的教育既包括成年,又包括小孩。它有着双重目标:首先,它要提高识字率,普及基本知识和技能;其次,它要通过具体行动,让当地的自然和社会条件得到改善。"[191]

- 最后,基础性的教育内容非常注重某一群体最迫切的需求。在提高识字率和掌握劳动的基本技能外,该教育的内容会随具体形势而定。

一般来说,这种教育的根本目标,便是促进这些当地人具备自立的能力。像夏雷(Chailley)所说,在乡村里开设这种基础性的教育,主要是考虑到:

"这不光是为了提高识字率。固然,提供识字率,既是目的,也是手段。但基础性的教育还力图让村民意识到提高生活质量的可能性。例如,一种更卫生、更有营养、更宜居的生活方式,更好的耕作、养殖方式。总之,一种对当地资源更合理、更适应当地条件的利用。"[192]

我们可以说,基础性的教育成了一种"新的生活方式",内核恰在于

第二部分　法国在殖民组织机构方面的战略

其覆盖当地群众之广。在这个意义上来看，它几乎是一种社会学堂，[193]因为它不仅要提高识字率，还切实地让个人和集体掌握日后发展自身的本领。

那些提倡基础性教育的人，似乎很看重"提高识字率"。正如监察员安德烈·特利斯（André Terrisse）所认为的那样，在黑非洲，教育虽说只触及到一小部分当地人，但也已经在现代生活的带动下有了一个重要地位。在这种现代生活中，

"旅行者、信件、报纸、产品可以较容易地流通，而假如某人是文盲的话，那么他就几乎是个无能的人，容易被骗。"[194]

因此，设立基础性教育机构，便成为了正规学校教育的补充。

"它以最低限度的知识普及在一定程度上弥合了受过教育的人和未受过教育的人之间的鸿沟。"[195]

3）年轻女性

*入学目标：妻子、母亲和基督徒

殖民地初等教育一直试图提倡性别平等，可惜总是遭到许多有关男孩和女孩传统定见的阻挠。对女孩，社会的定见是希望她们能操持好家务；而对男孩，定见则是希望他们能在外挣钱。在19世纪的法国，这种情况也体现在女校的设立上。[196]

一般来说，女孩应该在家庭或别的地方接受品德教育。而学校教育，即使是较为高级的课程，也应该从属这个目标。女性接受教育，自然就是为了培养一个日后的好妻子、好母亲，即为婚姻生活作准备。

第二章 技术教育和专门教育

对于这种观念,玛丽·玛德莲·德佛朗斯(Marie-Madeleine Defrance)也不无同意地写道:

"无疑,女人在其天性、品质、趣味上,都注定奉献到爱当中。而让这些女性潜质得到发扬的正常途径,自然就是婚姻了。它意味着:在奉献给丈夫之际,让自己的爱延伸至他们两人的孩子身上。"[197]

在这里,女性是一家之中活跃的灵魂,是家庭和谐生活的支柱,是家务的中心。她不该从事什么职业,不应偏离社会定下来的角色,这角色就是操持家务、服务社会。因此,即将步入婚姻的人,就

"不应远离家庭,忘记天职;不应置家庭不顾、转向别的营生,不应为了虚荣而去逐利;还要远离某些工作,以便有伤风化。总之,在家庭之外工作,这会让女性偏离其应有的位置。"[198]

和法国本土的观念一样,殖民地女性的位置便只限制在家庭之中。而这种观念,似乎又被女性的教育角色所强化。于是,女性就是社会价值的重要传声筒。而在黑非洲,女性更关乎文明的传承。对此,法国殖民者希望适龄上学的当地女性起到这一传递文明和施展影响的角色。

* 致力于殖民大业的女性:奉献的妻子、开明的母亲、能干的合作者

倘若塞内加尔年轻女孩的教育比男孩组织得更好、有着更实际的效果,那么我们必须要说,这也仅是触及到一小部分群众。而在其他

第二部分　法国在殖民组织机构方面的战略

殖民地，这一步都还没有迈出。由于资金或内部原因，很多宗教团体也无力为女童开设教育。而且，在这些伊斯兰化的社会中，也有一些世俗化的力量，和法国殖民者一心开展的女孩教育相抗衡。卡米·吉便说：

> "我们要很清醒。将来改变人们观念，拉近我们和这些传统完全不同的当地人的距离，这些都要靠当地女性作为母亲和妻子所施加的影响。"[199]

对此，我们可以得出两点分析：

- 法国殖民在援引"好母亲、好妻子"时，其实是把论据放到了某种非洲社会的演进逻辑中，认定该逻辑要从家庭中的女性开始。而这个女性，在经过法国殖民者提供的教育后，变得知书识礼了；
- 女性，有着重要的社会影响，她被认为是拉近法兰西文明和当地人两者间距离的重要因素。而在殖民者对当地社会的重新改造过程中，女性也起到了有效的角色。

有了这两点分析，我们接下来便可以观察法国殖民者为当地女性而设置的教育课程有什么根本特征了。借用卡米·吉的话，

> "尽管我们想让这些当地女性尽可能地像法国女性那样获得智力、道德上的教育，但我们希望这类女孩教育比男孩教育更具实践性。我们丝毫没有忘记，这些女孩以后的角色，最主要还是相夫教子。"[200]

这种偏实践的导向，包括了个人卫生和公共卫生的基本教育，力

图在一定程度上减低婴儿夭折率。与此同时,家务教育也应在课程中得到体现。

最后,当地女性在世俗殖民当局中的社会作用,应是附属性的。例如,为了辅助殖民当局的行政管理,女孩应接受世俗、高一级的教育。[201]恰是由于这种需求,卡米·吉才向法属西非殖民总督提议"招募本地女教师"。

在这种思路下,对女孩的教育便体现在1923年11月24号指令的第51条中:

"随着各殖民地的社会条件逐渐成熟,对女孩的教育应在乡村学校、家政学校、城市学校或城市学校中的师范分部内开展。"

按计划,女性家政学校会在重要城市的市中心开设。在这些学校里,除普通课程外,还包括应用到卫生、尤其是婴儿卫生中的自然科学。此外,还有第54条和第55条提到的像"漂白、熨烫、缝纫、裁剪、拼凑和烹饪"这样的特殊教育课程。

总的来说,由卡米·吉提议、经殖民总督鲁姆批准的这个女校思路,综合了传统教育中的宗教因素(即注重对女孩家庭角色的培养、意识到女性的社会影响)和辅助殖民行政部门这两个方面。因此,在服务于家庭生活的同时,非洲女孩在法国殖民者提供的世俗实践课程中受到教育,可以担任殖民地的公职,也就是走出了家庭。

这样一种导向,随后启发了殖民地的女性教育。像经殖民总督科佩通过的指示 [由殖民地教育监察员穆斯(Mus)提议],就在全民层面明确了女性教育的实践性目标:"首先是要在当地人中推广一些实际家庭生活中知识,以及相应的经济、卫生和幼童教育

第二部分　法国在殖民组织机构方面的战略

知识。"

而这位前殖民总督布热维耶的继任者,还就该女性教育策略中的三个方向作了说明:

> "女孩的实践性教育,首先应该注重当地人的家政。第二,在可以开设女校的地方,应面向那些望族中的女儿。如此一来,便可以制造出女性的榜样,形成某种社会群体的选择机制,而非只针对选拔出某几个个体。第三,在关乎助产士、护士、村辅导员的问题上,我们可以设计一种方式,同时履行护士和村辅导员之责。"[202]

由此,在殖民教育的体系中,同时也是得力于这套体系,非洲女性的地位便占据了一个重要的位置:女性深入到当地人中,施加社会作用,让社会迈向法国殖民者所希望的"新生活"。从这个意义上来看,以下两种女性职业便很好地体现了殖民者的策略:(和男性一样)基础教育的教员[203]和家访型护士(infirmière-visiteuse)。以下我们就来谈谈这个职业。

家访型护士,顾名思义,扮演着一种辅助性的医疗角色。事实上,殖民者带来的西医可不是一下子就为当地人所接受。刚开始的时候,当地人对这种"白人的医学"很是抵触。于是,家访型护士的角色便是向当地人说明医学的必要性,即:救死扶伤。说得简单一点,这种护士就是要让当地人信任"自己国家的女儿",听得进她们的建议,对西医改观。

如此一来,护士便常常要挨家挨户地串访,因为她要深入到民众中的病人住所那里。而当地人,尤其是在农村地区的当地人,起初对此满腹狐疑，觉得这是殖民者派来妄想"造出白人"的间谍。可最后，还是接受了她们。

然而这些护士还有着四处察看、多方问询的习惯（因为，她们需要了解当地的卫生情况）。于是，在沃洛夫语中，"sob ni wisitu gann"便意味着"像一位新的探访者那么有好奇心"。

这里的探访者，指的是护士型探访者或卫生部门的人员。在这种信任和受尊重的背景下，家访便让护士扮演了又一个角色：卫生教育人员。

我们不妨举一个例子，说明这种情况：对脐带感染的救治。当时妇女在分娩时常用未经消毒的器具切割脐带，经常容易造成感染。于是，人们便常认为这种感染是一种正常的代代相传的现象，不怎么带有危险。而且，人们也不知道它的机理。在这种大背景下，家访型护士的角色便是要宣传、教育并将医术结合到实际中，例如为婴儿注射疫苗。

这样一来，她便以各种方式，启蒙了当地人民。难道这不是起到教育、传授知识的角色？因为，这需要先自己理解知识，然后再把"文明"（即现代生活）传授给他人。以下，我们便是要讨论教师队伍在社会、政治方面的重要性。

第三节　一个战略举措：教师队伍

A）一组建一整套教师队伍是必不可少的

直到 19 世纪末，法国在塞内加尔、乃至整个黑非洲的殖民教育主要是以宗教团体为主，哪怕这些宗教团体受到殖民当局的管控。当时，殖民教育有着教师素质严重不过关的问题。这种状况，可谓是殖民教育政策失败的原因之一。而具体到教师队伍，人手不足的状况更是让

第二部分　法国在殖民组织机构方面的战略

该政策的推行难上加难。教师素质不过关，再加上人手不足，这两个致命伤其实也被卡米·吉在报告中提及了：

> "一些学校，几乎少有人入读。而里头的教师，几乎没有经过选拔，有时还闹出让人摸不着头脑的教员。这套世俗的欧洲教师班子，没有经过欧洲选拔程序。最常见的情况，倒是从那些很想被派到外国的人中选拔。又或者是在当地以前的殖民外派员工选拔。这些在殖民地已有一段时间的外派员工，在当地发过几次财以后，最后又回到了清贫的起点。除了个别特例，这样参差不齐的教师队伍完全谈不上最起码的知识储备。至于宗教团体的人员，他们常是由该团体的高级人员任命。而任命一些连初等证书都没有的人，却是常有的事。"[204]

法属西非这种情况一直要等到1903年才有新的政策调整。在这个时候，殖民当局要对整个教育体系进行彻底调整。自然，人员也相应地需要有大变动。具体来说，将宗教团体的势力排除出整个教育体系，这是法国殖民当局世俗化的教育架构组织原则。而且，这样的原则还要求建立一个由殖民当局管控的完整教职人员体系。

然而，由于持有相应文凭、同时又不在法国本土教育体系的欧洲教员人数不足，那么在塞内加尔、乃至整个法属西非短时间内筹建学校的重担，就不能指望这些人。于是，培养一套当地教师队伍，以便弥补欧洲教师人手的不足，就成了当务之急。[205]

由此，我们可以看到，教师问题是殖民地教育的一大问题。殖民总督卡尔德在1924年的指示中便强调，培养当地教师的目标是：

第二章 技术教育和专门教育

"培养一些符合教师要求、明确自身角色和任务的人,培养一些可以辅助我们殖民大业的人。"[206]

于是,培养当地教师队伍,就成了整个殖民教育战略的关键一环:用渐进、随时调整的方式,和当地人打成一片;培养出当地合格的师资,但又将其置于欧洲人的领导和建议之下,让其"传播西方文明"。我们不妨看看乔治·哈代是怎么为一位去世的当地学生唱赞歌的:

"该生品行端正,勤恳认真,助人为乐,一直获得老师的青睐。这样的楷模,对我们法兰西殖民大业很有裨益。而他本人也在与我们的打交道中提高了自己的修养。"[207]

于是,法国殖民当局便指望组建当地教师队伍,期待他们在欧洲人的指导下实现殖民者的规划。而作为殖民官僚体系的一分子,这些当地教师要非常明白自己的职业使命。

同时,作为一个当地人,他们这些教师又注定要服从欧洲人的安排。这一切,便体现在殖民行政当局盘算的师生关系中。我们借用哈代对教师说的一番话:

"我们不会从最低一层率先实现师生平等。相反,我们试图慢慢地引导你们向上。你们在文明的环境中出生。我们要引导你们走向我们所达到的智力和道德水平。你们大可放心我们的指导!你们要听话,不出乱子。要以我们当中最好的人为你们工作和日常生活中的榜样。而且,还要把我们当中不那么好的人尊为兄长。好好对待你们的兄长!你们要根据他们来反思自己……"[208]

第二部分　法国在殖民组织机构方面的战略

殖民当局这样一种对当地教师队伍的规范化、统一化管理，却有着差异颇大的具体分支。而这种涉及欧洲人和当地人的管理，在工作上又必须得配合妥当。如此一来，设立一个欧洲教育监察员组成的管控部门的需求，便应运而生。这个管控部门，在当地教师和欧洲教师之外，补充了殖民地教育的行政人手。接下来，我们将讨论这一部门。

B）服务于殖民行动

法属黑非洲殖民社会中的教师，由于其要对孩子和社会的将来负责，那么这份职业便被看作是"执行一个长久任务"。事实上，在殖民战略中，教师有义务去开发适合当地孩子的教育资源，在殖民地条件允许的情况下塑造孩子的性格。而且，他又应让孩子具备面对将来殖民职业就业形势时的能力。最后，他还要为殖民当局就这些孩子的职业导向提建议，因为教师最先塑造孩子的方方面面。

于是，教师的所有活动都应根据具体时势、殖民当局的未来目标而定。这么一种考量，可谓是很普遍的。但在非洲，情况却不太一样，教师的努力往往总是受制于法国殖民者让其统治一劳永逸的野心。这反映出法国殖民的内在必要性。就其总的殖民行动而言，法国的殖民政策，无论是出于功利的考量、抑或是本身骨子里就是功利主义的，都不会忽视致力于当地人民生活水平的提高。

单从殖民战略上来说，殖民教育的内容是很固定的。但在具体情况中，内容会有所调整。倘若考虑到教育机构所承担任务的社会、历史意义，那么教师这一职业便更容易出现病态。像哈代所说：

"当地学校的主要任务，并不是要让学生识记多少知识，而是要启发他们的思维，培养出他们的品格，将他们从过去无知、奴役的状态里引导到自由的将来。"[209]

为了完成这个艰难的任务，当时的殖民思路便是要让法国本土（乃至整个欧洲）的教师以殖民地的导师自居。与此同时，该殖民思路还让当地教师意识到殖民地的落后。换句话说，要让当地人深信：凡是和殖民者想得、做得不一样的，都是违背了法国殖民者为非洲带来的解放大业。我们继续借用哈代的话：

"好些个当地人，对刚学到的现代知识洋洋得意，对当地城市或乡村里工作的欧洲人不够严肃，有时还有点无礼。这些当地人，完全误读了殖民者的当地教育安排。他们从来不曾怀疑，以为这会带来全方位的社会进步（……）"（同上，第37页）。

而且，哈代还鼓动当地行政人员：

"要抓住机会为殖民地作贡献，避免因无礼而引起误会的措辞；要努力成为联结欧洲人和当地人的纽带，而非不稳定因素……"（同上，第38页）。

恰是由于要"驯服当地人"、拉近他们和欧洲人的距离，当地教师便起着纽带、演变的作用。甚至，他在家庭里也要继续充当这个角色。哈代说：

"你们这些教师要让你们的另一半明白一些重要事情，例如你们工作的重要性，你们对物质生活、道德和社会生活的理解，

第二部分　法国在殖民组织机构方面的战略

你们另一半对家务的安排。最后，也是最重要的一点，你们不应让另一半的轻浮、怨气、善变影响到你们自己的生活……你们应是一家之主，而不应成为一个为人耻笑的丈夫。"（同上，第46—47页）。

一言以蔽之，那就是：在殖民上级面前低声下气，在家里颐指气使。

教师既要对家庭负责，又要对殖民机构、当地社会负责，他们主要负责让当地孩子产生对法国的认识，要向孩子们客观地讲述法兰西的殖民大业（之所以客观，是因为教师不应"谈论政治"），要培养他们成为日后法国在黑非洲统治的经济和行政支柱。在这个意义上，教师这种直接和当地人民打成一片的职业，无论是在城市还是偏僻的乡村，都是全社会最重要的几个职业之一。

而且，这种职业有着观察和直接作用于当地社会的绝佳地位。从当地人民和社会适应整个殖民体系的角度出发，教师对传播法兰西文明起着关键的作用。像前面的安德烈·特利斯所说：

"总能带来新观念的殖民地学校，必定是推动当地社会前进的工具。在乡村里的教师，就是一个绝佳的例子，因为在当地人民的心目中，他便是推动进步的元素。"[210]

而这些考量又有着实实在在的要求：作为一个教师，就应是一个以身作则、适应具体情形的好公民。我们继续借用安德烈·特利斯的话：

"这就是为什么教师不能忘记自身这个广受信任、甚至颇受尊敬的职业。

每一天,他的一举一动都责任攸关。

被分派到乡村中的教师,常常被认作是'外人'。他要做的第一步,是要取得当地人的信任(……)

而在平常的社会生活中(而非政治生活),他要以其诚实、调停各方摩擦以及到位的判断而取得大家的认同。他的立场必须非常坚定,但同时也要晓之以理、动之以情,而不是蛮不讲理、靠拳头说话。"[211]

开启民智,让他们进步;塑造当地风俗,改变非洲社会;自觉承担法兰西的任务,献身于"法兰西大业"的实现。这一切,都是教师在不懈的努力和很简陋的物质条件下要去完成的。从本质上来说,这便是教师队伍要完成的任务。说得再清楚一点,这便是殖民当局刻意安排给教师队伍的任务……

结　论

法国在黑非洲的教育战略从本质上来说有三大原则：行政集权原则、同化原则和功利原则。前面两个原则对应着法国国家建构过程中的已有传统。而第三个原则，则对应着 19 世纪和 20 世纪资本主义的发展，以及自法国波旁王朝复辟起对非洲殖民地实行的新政策。这三个原则的框架，连同其他因素，体现着法国殖民政策的整体特点。

第一个特点是整体政策的恒定性。事实上，每次重要的政策举措均或多或少地指向这套原则。而法国的殖民教育政策，便正是在整个殖民政策中体现出这三个原则：以集权形式强化法国的殖民统治；同化被征服土地上的当地人，让其全心投入到"法兰西的殖民大业"中；通过教育，以最高效率致力于殖民体系的运作。因此，我们可以说，这些原则反映出法国殖民目标的恒定性。

第二个特点是因应不同具体情况的适应性。我们在这里提出几点，以供分析：

1）殖民教育的行政集权，在开始的时候颇为松散，原因是那时殖民当局把教育下放到当地各机构。随后，法国才系统地依照政教分离原则对教育进行管理。随着法属西非和法属赤道非洲联邦的建立，行政上便有了某种分权式管理。1903 年的决议便是这个趋势的绝佳体现。

2）法国的同化政策在一开始的时候颇为激进，号称要"让原始的民族得到文明的开化"。后来，则转变成官方的调整政策，旨在让教育"适应当地民众"，可惜收效不大。

3）功利原则，一开始只着眼于法国波旁王朝复辟时期的农业殖民政策，后来在费尔赫布统治期间则应用至领土扩张和法兰西文化传播方面，最后更是在柏林会议和一战结束这段时期（1885—1918）应用到行政中（主要是联邦各地的内部组织架构）。从1918年开始，功利原则便在经济和政治方面均轮番体现。在经济上，主要是两次世界大战之间法国对提高殖民地产出的重视；在政治上，则是1944年布拉柴维尔会议后法国对自身在非洲殖民地体系的未来信心不足。

饶有趣味的是，在20世纪的两次世界大战，每次的结束都代表着法国教育政策的大调整。我们从功利原则所援引的不同论据中便可窥见一二。

• 例如，1918年的安谷万决议可以看成是1903年宪章延续下来的思路。该宪章重点强调了要加强法国对当地人的行政管理和文化影响，而且着重强调发展那些能够有利于法国本土重建的殖民地产出。这种带有经济至上色彩的功利主义，在1920年决议中得到正式确立，而随后在1924年殖民总督卡尔德的指令下更是得到巩固。直到第二次世界大战结束前，这一直都是法国殖民政策的主要导向。

• 同样，1944年布拉柴维尔会议提到的"当地人教育"这种导向，在提振经济这个大背景下，明显地带有法国对自身殖民帝国未来的紧迫感。换句话说，这带有政治上和制度设计上的关切。可以认为，政治上的考量直到1956年设立好法律框架甚至再往后，都是法国殖民地教育政策的主要考虑方面。

从战略角度来看,在这段充满变数的时期内值得我们留意的是:战略变化后配套的管理跟不上。这些管理,往往只是着眼于短期,顾及眼前,无法考虑到长期积累而形成的新形势。总的来说,法国殖民战略的原则虽然有着恒定的特点,但决不代表不会随形势而变。该战略所采取的形式,本身就一直随时势而变。由此,我们可以知道,这套原则框架中已经预设了殖民行动中存在可以调整的弹性,而且目的恰是让殖民行动更好地推进。

在这里,我们不妨提出一套认识法国殖民战略的认识论。简单说来,那便是:为了有效推进,法国便不会有固定单一的战略。一般而言,殖民战略可以理解为一整套为了达到一个或多个目标而环环相扣的概念体系。而这些目标,又处在某种受到殖民当局管控的演变中。从这个意义上来看,一个妥当的殖民战略应建立一整个恒定的框架内。该框架会考虑三个因素:殖民导向的恒定性、具体政策的可调整性和殖民行动的渐进性。于是,我们便有了以下一个三角关系:恒定性、调整性和渐进性(permanence、ajustement 和 progressivité,简称 P-A-P)。由此,我们便可以建立法国殖民战略和策略间的联系了。[212]

从昨天到明天:站在今天来展望

现在,我们便要研究法国殖民战略所带来的启示,以及它具体的历史遗产。

我们认为,该战略并没有百分之百地达到它当初设定的目标:

- 一方面,它没有让法国的直接殖民统治一劳永逸。非洲殖民地

的独立和随后国际间对它们主权的承认,便说明了这一点;

• 另一方面,完全同化政策虽由官方宣布,但没有收到应有的效果。

至于殖民教育政策,它作为整个殖民政策的一部分,自然是服从大战略的部署。固然,它有着一定程度上的失败,但这更应看作是法国在非洲殖民失败的一个附带结果,而非教育政策本身的失败。

相反,在殖民者看来,该政策有着巨大的成功。下面我们就看看法国殖民者给出的理由。

1) 该战略"奏效"

作为法国殖民战略的一部分,殖民教育政策在非洲当地有着持久的影响。我们作为非洲人,对这一点是非常清醒的,甚至觉得:经历这些殖民教育,是件稀松平常的事。蒙哥·贝蒂(Mongo Beti)就认为:

> "固然,许多民族都曾被殖民。说得极端一点,所有的民族在自己历史上的某个时刻都曾被殖民过。然而,没有别的民族比我们非洲人受到的殖民、征服更深重,也更离奇。直到今天,我们依然全方位地受法国媒体、公众舆论、学术、经济和文化的主导。"[213]

这些影响直到今天依然塑造着我们的历史认识,进而也影响着我们一些意识形态方面的理解,还有知识分子立场和文化立场中的某些方面。我们不妨举三个有代表性的方面来体现这种延续性的影响:

• 我们非洲知识分子对"文化人"几乎不带质疑的认同。"文化人"这个概念,囊括了那些毕业自殖民学校(或者那些到今天依然存在的老学校)的知识精英。这些精英有著书立说,固然值得肯定,但事实上总是落入法国殖民者的话语或思考方向。可我们这些非洲知识分子当中,又有几个人能好好挖掘自己村落中绵延至今的古老智慧呢?难道这些古老文化的继承人算不上文化人?"文化人"这种观念(自然,更倾向是"统治者的文化"或"外来文化")也为非洲知识分子所接受,这有意无意强化了这种文化的强势地位。而这种强势地位的奠定,却又是通过一小部分非洲知识精英通过各种制度化的渠道而造就的。最后,这种意识形态上的优势地位反过来又鼓励了知识分子的精英化;

• 法国殖民教育为有意向到法国本土深造(到更专门的学校、条件更好的实验室)的非洲人作准备。在这一点上,我们要客观地认识到,法国确实是下了功夫的。[214]非洲的学生或实习生,无论是黑非洲抑或是北非的,出于语言上较为熟悉或者安排上更为方便的理由,一般会选择到这个前殖民宗主国深造。而法国也因此而洋洋自得,宣称"法兰西文化也是这些精英自己文化背景的一部分"。

• 我们非洲大陆的语言问题。今天,我们几乎不经思索地使用诸如"非洲法语区"、"非洲英语区"、"非洲葡语区"、"非洲西语区"这样的称谓。但细想之后,我们便会发现这里头有许多需要推敲的东西。只有一小部分充分入学的非洲当地孩子会说这些前殖民者的语言。殖民时期是如此,今天非洲国家独立后也是如此。可是,我们真的可以按照"人所说的语言"来划分吗?比属刚果、加纳、毛里塔尼亚、几内亚比绍、赤道几内亚甚至塞内加尔,在它们独立之际,确实说着法语、英语、葡语、西语等。可假如我们考虑到非洲国家很低的入学率以及很不乐观的文盲率呢?

法国在非洲的文化战略

尽管如此，非洲几乎所有曾被殖民的国家均以前殖民者的语言为国语。甚至这些前殖民者强加他们的语言到非洲人头上，使之成为国语，这既体现了殖民意识形态的吊诡之处，又反映出某种僭越自然的嫁接。人们总是觉得，采用一种欧洲语言是由于当地语言的种类繁多。但说到底，这种看法其实还是预设了那些当地语言的"落后、词不达意"。难道这不是一种草率的政策？我们总是宣称要推广双语，结果却是两种语言都掌握得不好……

此外，我们还要提到个人层面的一个问题。无论是昨天还是今天，法语教育把我们变成了不怎么意识到的法语载体，让我们自己人跟自己人作对，沦为法兰西语言的工具。我们非洲人、阿拉伯人中有几个能在日常会话里完全避免来自前殖民者语言中的外来词？有时，情况还严重到整句话都只能用欧洲语言表达！这种令人揪心的文化现象在我们的行政系统中非常普遍。完全不需要外人来强加，我们自己就和同事、打交道的人说起这些欧洲语言！我们不妨多提一句，颇有些在黑非洲行政部门工作的欧洲人入了当地国籍，在当地担任行政要职，可丝毫不愿意下功夫学说当地语言，进而和当地社会、入籍国格格不入。而在这一点上，美国人却和欧洲人不太一样。

更为让人可惜的，是在少部分非洲人家庭里，一些父母和孩子只说欧洲殖民者的语言。这也许出于某种虚荣心，或者是某种一厢情愿。这种由殖民者主导的家长和子女间的关系扭曲到以下这种程度：非洲的父母反而不敢让上法语学校的子女和法国文化保持距离！

殖民等于疏导反殖情绪

2）该政策非常一致

法国殖民者的每一次行动都经过事前盘算。战略和行动，几乎可谓是无缝对接，配合得很紧密。借用保林的话：

"所谓一致，这不仅意味着对未来安排的构想，而且还包括各环节背后的实质和配合间的纽带。对于做事一致的人来说，所谓安排，就总是有理有据的安排。做事一致，这甚至可以说是合情合理背后的原则。"[215]

3) 拒绝草率行事，拒绝忽视细节

事实上，带有策略性的渐进原则预设了另一个原则：谨慎行事。我们在教育体系不同部门的一步步演变过程中就已经看到法国殖民者行动的渐进一面。而在殖民教育中，渐进原则在课程设计中便体现了出来。殖民总督克洛泽就说：

"我认为，我们开展教育收获的第一个果实，应首先对我们法国人有利，其次才是对当地人有益。因此，我们的教育第一步在尽可能广泛地接触当地人之际，应设计得非常简单。它完全可以仅限于让当地人掌握基本法语，使得我们可以和他们直接交流，同时又能控制住我们的翻译。这样的教育，也可以仅限于一些基本的卫生、技能知识，总之就是可以立即派上用场的。

而更高一级的课程设置，面向的会是以后我们需要的小职员或工匠。比这更高一级的课程，将培养我们在当地更高级别的合作者。最后，对于当地精英来说，我们提供的课程会是全方位的。对这个体系每一层级的好学生，我们都会开放渠道，让他们升读更高级别的课程。"[216]

法国在非洲的文化战略

这一切,也正是随后法国殖民者在非洲所设置的。而且,越是升读高的课程,筛选就越是严格。

4) 该战略有其反击的手腕

施行一个战略,同时也要能考虑到:万一该战略遭到挫折,也有办法将其转化为某种有利的结果,避免彻底失败。法国在黑非洲高等教育方面的设置便体现了这一点。非洲的知识分子在国内呼声、法国及国际民主力量等的支持下,强烈要求在当地设立高等教育机构:要求设立一所服务于非洲大陆的大学!这种呼声,并不受殖民当局待见。然而,迫于越来越大的外部压力以及实际需要(当时,法国还继续发放较为丰厚的奖学金吸引越来越多非洲学生到法国本土留学吗?),对这种呼声,法国人切实地以设立大学来回应。按照一定步骤,高等教育便在黑非洲初具雏形。从这个意义上看,非洲人取得了一场胜利。

然而,这些非洲人竭力争取的黑非洲大学并没有"属于"黑非洲。在殖民者的旨意下,黑非洲的大学无非只是一所设立在黑非洲的法国大学。更甚的是,结果有点颠倒过来了:非洲人想要一所大学,想要一个随后可以"延伸出更多教育体系的大学框架",希望可以最终打破殖民者的枷锁,开始自主发展。而殖民政策,却把达卡大学构想为这么一所大学,培养以后非洲国家独立后在行政、政治方面继续保证法国利益的人才。而为了达到目的,这些当地人又只能是那些不懈抵抗法国殖民的斗士!

因此,黑非洲的大学,便成了殖民战略中的一环。它需要依从殖民者的意志,设立政治系、管理学院。[217]我们可以看到:对各学科的逐步设置,反映出对培养当地政治精英在不同领域的需求。而殖民者设置的专业,自然也对应他们在技术和政治上的最终需求。殖民者开设的教育机会，便配合着他们的技术与政治需求。

在殖民教育政策这点上，殖民者历来非常一致。它的又一进展，便在于：之前的技术教育现在要培养附属职员，试图巩固殖民统治，达到一劳永逸的效果；而我们今天的（指1950年至1957年这段时间）殖民地高等教育，则是要培养高级职员，目的看起来略有不同。这两类由殖民者把持的教育，培养看似不同的职员，实则却无非是"附属"和"高级"之别而已，归根到底还是要服从殖民者的统治。[218]

在这里，我们要从这一系列同时施行的策略中领悟到一套关键的经验：在一个各方力量对比容易产生逆转的环境中，要使各方不产生冲突，要让各方看起来都得到好处，那么在各方中确立一个统一的原则便很有必要。在这里，在黑非洲开设高等教育便是一个各方都认可的原则。倘若连这个统一的原则都不存在，那么各套策略就会很容易陷入冲突。随后，便是各方各显神通，动用自己最大的反抗能耐去利用这套原则。对此，殖民者非常清醒和了解。他们，恰是通过这样来获取利益。

这种被法国殖民者看透了的反抗能耐，会在法国人制定整个殖民战略时被仔细考虑到，但在更广的意义上，它可谓是先于殖民统治。具体来说，法国的殖民教育政策在不自知的情况下收到了反效果，反而在当地播种下了反殖民、民族主义情绪。人类历史的经验已经表明，一个势必为了自身独立而抗争的民族是无法阻挡的。[219]殖民者认识到这一点，于是便试图把独立抗争的排头兵收编，培养这些精英，让他们在高等院校或军队中担任要职，从而巧妙地达到疏导反殖情绪的效果。

在今天黑非洲在制度建设上获得长进的背景下，近20年的教育体系却一直处于必须直面的危机之中。从战略角度来说，反思殖民者是如何制定战略的，反思这些战略有哪些要点、哪些结果，反思非洲人自身、进而谋求一条通向成功的出路，这一切都是我们当下的要务。

从客观上来看，无论是非洲本身潜在的自然资源，还是一再受到侵害但不断抵抗的文化韧性，非洲悲观论都是站不住脚的。尽管目前的政治领袖声名不佳，但我们对非洲的热爱不应落入一片阴云之中。从本质上来说，非洲大陆的现代性，掌握在我们手中。

非洲人民是不会在危机中屈服的。在目前的危机背景下，要想谋求有效的解决方案，便不能脱离文化上的问题，尤其不能离开教育上的问题。而教育上的问题，错综复杂，牵涉个人、国家和战略三大方面。

• 首先，教育问题关乎个人成长轨迹，为其打开知识和道德价值的天地；同样，它们多多少少会塑造某一具体的社会形态。

• 其次，由于它们首先着眼于年轻人，由于教育会赋予社会以人类价值、赋予国家以优秀人才，因此教育紧密地和一国的社会与经济未来挂钩。

• 最后，在战略层面，或者在更大的国家、乃至国际层面，当实施政策时出了一个错误或疏漏，后果就不仅仅殃及当代，而且还会在将来产生更严重的回响。由于需要一定时间，这些错误或疏漏的后果不会一下子显露出来；而一旦看到后果，那时便很难再亡羊补牢了。

今天非洲的教育有着三重危机：

• 逻辑上的危机，因为设计不妥的学校制度还错误地延续着殖民时期留下来的制度；

• 也是深层次的危机，因为它持续且深入地影响着我们的教育体系；

• 最后，从后果上来看，是一场很严重的危机，尤其是人文、社会和经济上的。

结　论

　　而且，今天的非洲还面临着寻求结构性问题的解决之道。我们有着技术方面的潜力。我们有设备、人才。而在有值得信赖的人出资的情况下，资金也不成问题。我们欠缺的，恰是一些"概念"上的东西，某种连贯的战略理念。在这个框架下，在战略研究的政治管理上来说，一个基本问题是：如何让政治决策做到最优？如何发挥已有的技术潜力？

　　在这个思路下，我们要对后殖民时期的非洲提出两大基本前提：

　　● 没有民主框架，便谈不上连贯的文化战略；

　　● 假如只拘泥于所谓模式，便谈不上教育领域的战略，因为新的东西不能再套用旧的教条。模式，固然有用，但不管它有多动听，依然还是纸上谈兵。而现实，则以其内在逻辑来运行。

　　有了这两个前提，我们可以归纳出几个起引导作用的建议。这些建议的具体内容需要群策群力，而且以后可以再推敲。

　　1）假如非洲的教育问题不现生机，那么整个文化战略便无法连贯地制定。教育问题，可不仅仅是专家、领袖的事。它不应以培养精英、划分国民为首要目标。教育之于国家的重要性，在于其历史上最突出的方面：教育的力量以及其薪火相传。因此，教育便应面向国民。世界现存的问题，应通过集中力量、整合资源、并让它们发挥作用来解决。从这个意义上来看，对战略的探寻，便应集中各路资源，调动起所有组织和国家机构的力量。这样一来，民主的制度框架便能起到作用。

　　2）解决非洲问题的可行之道，还在于要认识到区域整合、建立联邦的必要性。人们应把战略放置到建立非洲文化整合的方向上去。我们非洲这些小国的情况，本质上是很类似的。可是，我们由于缺乏同盟而吃了不少经济亏和道德亏。不少方法都同时或多次在我们这些国家里试验过了，全是无果而终。因此，我们应合理地集中区域、乃至整个非洲大陆的力量。新的战略，应该要能够促进各个成员的共同进步。

3）必修的教育内容，应能同时反映出我们的创意和对现实的关注。它应考虑到非洲大陆的共同现实处境，考虑到各地区的特殊情况。我们的目标就是要教化公民、培养合格人才以及推广我们的文化。

在具体的政策上，我们的错误不在于选择了不同于之前殖民者的政策，而在于我们对自己缺乏信心。我们在国际上的表现，就已经充分表明了我们高等教育的问题。固然，我们的大学是有底气的，但学生之后却到国外大学深造了。而各个地方的教学内容不尽相同，不太如人意。在科研和教学政策上，我们要明确自身利益，围绕它们连贯地展开工作。这一切，都需要人们的关注和筹划。假如连一个设立在非洲、且专门研究非洲的学院都无法吸引其他大陆的学子，那真是说不过去！

4）以上这些，让我们去认真思考文化体系中带有社会使命和经济使命的各个环节：阐明问题，采取措施，付诸行动，跟进各学科领域的进展。因此，我们应调整和合理规划有关各学科领域的进展。

今天，在这一吸引现实目光的战略构想问题上，一个很紧迫的问题便是要设计出一套组织架构，使之可以减轻教育体系中的重症。我们现在的学校就像一班遗弃了太多人在路边的列车。（在我们这些欠发达国家里，这种触目惊心的现象很难得到扭转，也很少有补救措施。它对个人生活、社会团结以及整个经济体的竞争力都构成了打击。）我们不能说：因为旅客错过了列车，所以他以后都没资格搭乘了！尤其是，我们的旅客恰是志在报国的……

5）同样，我们还要作仔细的战略部署，要有一套适当的沟通方案，因为牵涉的问题很重要，而涉及的人又非常多。在当前残酷的国

结 论

际社会，声誉往往源自所处的位置。囿于一角，不进则退，就意味着遭人遗忘，丧失自己的位置。为了达到持久的胜利，我们要吸引到利益相关者的参与。为了号召各方力量致力于同一项伟业，我们便应行动起来，让人们了解我们的伟业；我们要懂得如何去做，而且还要让人们学会怎么去做。

显然，以上这些提议都可以、而且应该再补充。它们对我们恰当的战略规划，有着不可或缺的作用。面对当前教育机构出现的危机，我们可以构想出一套新的应对策略，探寻解决之道。只要我们不短视，我们是可以找到一套久远的方案的。织出来的绫罗绸缎，可谓是对匠人恒心和毅力的最佳肯定！而漫漫长夜，反而会让小鹿免受猛兽的目光，步步成长！

因此，我们不光要反思，而且还要会筹划。仔细地筹划，连贯地开展工作，而且要和别人合作。众人拾柴火焰高！这便是为什么，不管非洲人还是其他人，都可以为这项伟业贡献自己微薄的力量，因为我们每个人本身就是这项伟业的一分子，每个人都攸关非洲的福祉！

因此，不论出身、国籍，我们都应集中各方的智慧、才干，为非洲的问题谋求出路。而在有效、持续的行动下，世界总能以或正或反的方式表明：世界本身，就是友爱和宽容的教育场所！

*
*　　*

最后，我们以一则笔者本人的体会来结尾。1983 年的夏天，我太太正怀着我们的长子。我们当时在巴黎南郊的公园里散步。当时我就想，等孩子大了以后，带他回到塞内加尔的村庄。而当他第一次走到村庄里的家田时，他看到一位正在田里劳作的人，既惊奇、又崇拜地

法国在非洲的文化战略

盯着他看。这副目光,让我写下了下面几行诗:

> 这个有着骆驼般清醒的人
> 熟稔斧头的使用。
> 这个恰当时机出现的人,
> 这个体现了全部时代的人,
> 这个在农地深耕的人,
> 这个布满皱纹的人,
> 他呼吸着村庄里的空气。
> 这个人,是我的兄弟。
> 我们有共同的祖先,
> 只是别人开办的学校,把我们分离。
> 他懂得一些我不了解的东西,
> 我懂得一些他不了解的东西。
> 但村庄,是我们俩的。
> 祖国,是我们俩的。
> 是要用我们的双手,去步步建设的。

这难道不是向我们祖先致敬吗?他们,都是我们的父亲;他们的子孙,都是我们的兄弟。

注 释

1. 引自杜尔 1983 年博士论文《论塞内加尔的电视教育节目：对创新障碍的一个探讨（1976—1981）》[A. K. N'Doye, *La télévision sociaire au Sénégal* (1976—1981): *étude des obstacles à l'innovation*, Thèse de doctorat de 3e cycle en sciences de l'éducation, Université de Lyon II, 1983]，第 2 页。

2. 我们不妨指出一点，目前一些国家有着许多持有高等教育文凭的人失业，尤其是法律、经济和医科的毕业生。

3. 这是由塞内加尔教育部长 Abd El Kadel 在 1981 年 1 月 28—30 日在达卡举行的教育会议上作的报告，参见第 2—3 页。

4. 参见洛朗提 1944 年在《复兴》杂志上的文章"论殖民政策背后的哲学"（H. Laurentie, « Notes sur une philosophie de la politique coloniale », in *Renaissance*, Oct. 1944.）

5. 引自蓬皮杜关于合作政策的讲话（« Discours sur la coopération », in Textes et notes, 18 juin, 1964）。此外，法国今天对黑非洲的政策朝积极的方向演变，在这个背景下，深入研究法国后殖民时期的文化战略便很有必要。

6. 参见殖民总督卡尔德的讲话"论法属西非教育体系的重组"。（*Revue Indigène*, N. 185—186, mai-juin, 1924, pp. 111—129: « la

réorganisation de l'enseignement en AOF ».)

7. 茹贝冷给当时法国海军部长的一封信。(Gouverneur Jubelin au ministre de la Marine, lettre n 88 du 23 mars, 1829, A. N. S. O. M., dossier Sénégal, 2796/1) 在 1829 年升任塞内加尔长官前,茹贝冷是殖民部的分处主任。

8. 参见法国学者夏尔涅《论战略》一书,第 40—41 页 (J.-P. Charnay: *Essai général de stratégie*, Ed. Cahmps libres, Paris, 1973, pp. 40—41)。

9. 参见茹·哈赫曼《论统治与殖民》一书 (Jules Harmand, *Domination et colonisation*, Flammarion, Paris, 1910),第 256 页。

10. 茹·布热维耶的讲话,载于 1931 年法属西非经济署的《法属西非的教育状况》(*L'Enseignement en Afrique occidentale française*, Agence économique de l'AOF, Paris, 1931),第 1 页。

11. 正确的战略总是必不可少的,因为,正如克罗齐埃(Croizier)和弗莱博格(Freidberg)所言,"我们的意图、动力、目标,我们超越历史的关系,这些均不是我们企业赖以成功的保障或明证。不消说,通往地狱的道路,总是铺满好心好意的。"(参见 *L'acteur et le système*, Seuil, Paris, 1981, 第 15 页。)同样可以参见国防研究学会(Fondation des études de défense nationale)的著作和记录。这个著名机构云集了一大批有声望的长官(如 Fricaud-Chagnaud, Prestat, Porier, Lacoste 等)及学者。该机构常在《战略》(*Stratégique*)杂志上发表文章。

12. 尤其参见《论非洲教育》(A. Moumouni, *L'Education en Afrique*, Maspéro, Paris, 1964, 400p.)、《1817 年至 1854 年塞内加尔的教育》(G. Hardy, *L'enseignement du Sénégal de 1817 à 1854*, Thèse complémentaire

pour le doctorat ès Lettres, Université de Paris, Larose, 1920, 178p.）、《1817 年至 1920 年法属西非的教育状况：是一场文明开化任务抑或是培育当地精英？》(D. Bouche, *L'enseignement dans les territories français de l'Afrique occidentale française de 1817 à 1920. Mission civilisatrice ou formation d'une élite?* Thèse pour le doctorat d'Etat ès Lettres et Sciences humaines, Université de Paris I, 1974, 2 vol., 947p.）、《教育体系和社会巨变：塞内加尔教育情况的连续与断裂》(R. Collin, *Système d'éducation et a*mutations socials. Continuité et discontinuité dans les dynamiques socio-éducatives: le cas du Sénégal, *thèse pour le doctorat d'Etat ès lettres et sciences humaines*, Université de Paris V, 2 vol., 1012p.）、《科特迪瓦教育史》(P. Desalmand, *Histoire de l'éducation en Côte d'Ivoire: des origines à la Conférence de Brazzaville*, CEDA, Abidjan, 1983, 483p.）以及本人的文章"法属西非的殖民学校"(P. I. Seck, "L'école coloniale en AOF", in Jonction, déc. 1980, p. 6—19)。

13. 这条原则在英属、比属、葡属非洲殖民地中也充分体现出来。而比属和葡属两者的体系更是把这条原则推向极致。

14. 在几内亚，第一批学校由传教士分别于 1878 年在波法（Boffa）和 1890 年在科那克里（Conakry）创立。在当时的苏丹（即今天的马里），则由皮艾提（Pietri）长官于 1882 年创立。在达荷美（今贝宁），则于 1887 年有了第一所学校。在科特迪瓦，第一批学校要晚至 1893 到 1895 年由世俗派在三地（Grand Bassam, Assinie, Jacqueville）创立。在赤道非洲，第一所学校于 1863 年创立在利伯维尔（Libreville）。

15. 笔者所使用的大写"教育"(Enseignement）一词，指教育服务、学校机构及其他部门。而小写的"教育"(enseignement）一词，则指传授知识或不同类型的课程（劳动教育、女性教育等）。而"殖民统治部门"（pouvoir colonial）一词指法国本土和殖民地（联邦或当地）政府的统治权力。

16. 法国对塞内加尔的侵占至少可以回溯到 1626 年。这一年，法国的迪尔普人（Dieppe）在圣路易设立了诺曼底公司（Compagnie Normande），该公司随后被塞内加尔皇家公司（Compagnie Royale du Sénégal）取代。

17. 参见当时国际殖民学院（Institut Colonial International，简称 I. C. I.）秘书鲁维尔的报告《论面向当地人的教育问题》，第 131 页（Rapport sur la question de "l'enseignement aux indigènes", in *Compte-rendu de la XXXe session de l'Institut Colonial International*（I. C. I.），Paris，5—8 mai 1931, Etablissements Généraux d'Imprimerie, éd. Bruxelles, p. 131）。

18. 参见哈代《1817 年至 1854 年塞内加尔的教育》，第 3—4 页（G. Hardy, *L'enseignement au Sénégal de 1817 à 1854*, op. cit., p. 3—4）。

19. 参见谢弗尔《1763 年至 1870 年间法属西非行政长官下达的命令》（C. Scheffer, *Instructions générales données de 1763 à 1870 aux gouverneurs et ordonnateurs des établissements français en Afrique occidentale*, Champion, Paris, 2 Tomes），第 262—263 页。类似的一番话，在法国 19 世纪著名史学家伊波利特·丹纳（Hyppolite Taine）笔下也出现过，如"对基督教对现代社会的滋养，我们可以归纳出让人有羞耻心、有礼貌和有人性，让人有诚信、有好心肠和有正义感。没有别的一套体系或政治形式能够取代这样的滋养。"见《当代法国的起源：现代政治制度》（*Les origines de la France contemporaine. Le régime moderne*）（尤

其参见谢弗尔第二卷第五部分第三章的内容)。

20. 同上,第 308—309 页。

21. 关于 19 世纪当地政府在教育方面的犹豫和摸索,参见前述柯林的《教育体系和社会巨变:塞内加尔教育情况的连续与断裂》,第 171—205 页。

22. 学者哈代认为:达尔按照当地习俗结了婚,并声称获得殖民长官的允许。而且,他对此毫不避讳,回到法国后,他也继续如此。参见其《1817 年至 1854 年塞内加尔的教育》,第 8 页,第六个脚注。

23. 转引自同上,第 8—9 页。另参见让·高歇(Jean Gaucher)的《法语非洲教育的起步:让·达尔与圣路易互助学校》(*Les débuts de l'enseignement en Afrique francophone. Jean Dard et l'Ecole mutuelle de Saint-Louis du Sénégal*, préf. de Amadou Makhtar Mbow, Le livre africain, Paris, 1968),第 64—65 页。这类绯闻在殖民地的政府高官中也有,例如舒马茨和弗勒里奥(Fleuriau)也逃不了干系。他们随后被召回巴黎处理。

24. 参见哈代《1817 年至 1854 年塞内加尔的教育》,第 46 页。

25. 参见法国学者福瓦德伏 1900 年出版的《论法国在殖民地的教育设置》(P. Froideveaux., *L'œuvre scolaire de la France aux colonies*, Paris, Challamel, 1900)。

26. 关于这一点,参见保罗·克鲁泽(Paul Crouzet)载于《大学》(*Revue universitaire*)的文章"论战后殖民地的教育"(L'enseignement dans les colonies depuis la guerre, in Revue universitaire, 33e année N°4, 15 avril 1934, pp. 289—304);另外可参见德尼斯·布絮(Denise Bouche)《1817 年至 1920 年法属西非的教育状况:是一场文明开化任务抑或是培育当地精英?》。

27. 参见 Dareste 的《法国王权和行政史》(Histoire de l'administration et du pouvoir royal français), Paris, 1855, 1 vol.; Cheruel 的《君主制行政史》(Histoire de l'administration monarchiste), Paris, 1855, 1 vol.; Pierre Legendre 的《1750年至今的行政史》(Histoire de l'administration de 1750 à nos jours), PUF, Paris, 1968, 第580页; Clive H. Church 的《革命与繁冗规章：法国各部门的官僚制度 (1770—1850)》[Revolution and red tape: The French Ministeriel Bureaucracy (1770—1850)], Clarenton Press, 1981, 第425页; F. Hekking 的《没有行政制度，便没有法国：对法国行政机制的一些新思考》(Point d'Administration, point de France! Nouvelle réflexion sur la mécanique administrative), t. III, Edition de la maison française; Claude Mazauric 的《雅各宾主义与革命：纪念法国大革命两百周年》(Jacobinisme et révolution: autour du bicentenaire de 89), Editions Sociales, Paris, 1984, 第350页。

28. 参见托克维尔《旧制度与大革命》，第129页。

29. 同上，第319页。

30. 可参见《革命与繁冗规章：法国各部门的官僚制度》一书。

31. 对这一点，可以参考 Abdoulaye Ly 的博士论文《论在黑非洲的贸易：1673年至1696年间的塞内加尔公司》(L'évolution du commerce français d'Afrique noire dans le dernier quart du XVIIe siècle. La Compagnie du Sénégal de 1673 à 1696), Ed. Le Lorrain, 1955, 第xv—312页。

32. 参见威廉·柯亨（William Cohen）《法国在1673年至1696年在黑非洲的贸易》(Empereur sans sceptre. Histoire des administrateurs de la F. O. M. et de l'Ecole coloniale), Berger-Levrault, Paris, 1973, 第304页。

33. 参见马马都·迪亚（M. Dia）的《一位第三世界抗争者的回

忆录》(*Mémoires d'un militant du Tiers-monde*),PubliSud,Paris,1986,第247页。还可参见 Malick N'Diaye 的《1958年11月至1962年12月塞内加尔制宪议会中的政治权力与社会力量》(*Sénégal : pouvoir politique et forces sociales de l'Assemblée Constituante de novembre 1958 à décembre 1962*),Université de Paris VII,1986,第500页。

34. 参见《法兰西共和国官方日报》(*Journal Officiel de la République Française, J. O. R. F.*) 1958年10月5日的宪法文件全文。也可以参见《1958年10月4号法国宪法的研究》(G. Burdeau (Dir.), *Constitution française du 4 octorbre 1958*, Documents d'études, série "Droit constitutionnel et institutions politiques", n° 1.04, La Documentation Française, juin 1976, 32p.)。

35. 参见福瓦德伏,第13—14页。

36. 无独有偶,今天我们依然可以看到,在法国对欠发达国家进行技术援助时,合作部 [Ministère de la Coopération, 即前殖民部 (Ministère des Colonies)] 也需要和教育部 [Ministère de l'Education nationale, 即前公共教育部 (Ministère de l'Instruction publique)] 携手合作。

37. 同上,第13页。

38. 同上,第14页。

39. 参见《法属西非殖民政府的报告》(*Gouvernement général de l'AOF : organisation du service de l'enseignement*), Imprimerie du gouvernement, Saint-Louis, 1903, 第1页。

40. 同上,第19页。

41. 参见1922年的《法属西非的教育状况》(*Commissariat de l'AOF : l'enseignement en AOF*), rapport à l'Exposition nationale de Mar-

seille, Imprimerie coopérative, Barrier et Cie, Montauban, 第 4 页。

42. 同上。

43. 同上, 第 3 页。

44. 参见乔治·哈代的《两条道路：给殖民地本地年轻公务员的一些具体建议》(*Les deux routes. Conseils pratiques aux jeunes fonctionnaires indigènes*), Edition du Bulletin de l'enseignement de l'AOF, Gorée, 1918, 第 66 页。

45. 参见罗兰·柯林《教育体系和社会巨变：塞内加尔教育情况的连续与断裂》, 第 277 页。确实, 1919 年 4 月, 哈代不得不匆匆离开达卡的职位。但离开黑非洲后, 他却马上主持摩洛哥的教育方向！随后, 他被提名为殖民地学校的主任, 对已经升任法国国家殖民地副秘书的布莱思·迪亚安负责。而 1931 年国际殖民学院的第 21 届大会, 就是由迪亚安以法国总统加斯东·杜梅格 (Gaston Doumergue) 之名召开的。在该次大会上, 哈代担任"面向殖民地 (法属黑非洲和马达加斯加) 当地人的教育问题"研究的报告人。他的主张, 似乎和之前《两条道路》一书中的立场有所不同。

46. 对这一点, 参见前述德尼斯·布絮的著作。而哈代更是有诸如《法属西非的道德征服》(*Une conquête morale：l'enseignement en A. O. F.*), A. Colin, Paris, 1917, 第 354 页, 以及《我们殖民中的大问题》(*Nos grands problèmes coloniaux*), A. Colin, Paris, 1929, 第 216 页。另外有 Hubert Ddeschamps 的《殖民的方法与理论》(*Les méthodes et doctrines coloniales*), A. Colin, Paris, 1953, 第 422 页; Henri Labouret 的《殖民、殖民主义和去殖民化》(*Colonization, colonizalisme et décolonization*), Larose, Paris, 1952, 第 205 页; 以及罗兰·柯林在其《教育体系和社会巨变：塞内加尔教育情况的连续与断裂》一书中论

及塞内加尔同化政策与整个法国殖民政策关系的一章，第 374—425 页。

47. 转引自《殖民、殖民主义和去殖民》，第 83—84 页。

48. 参见殖民总督寿维的"殖民与欠发展"（Colonisation et sous-développement），载于 *Revue des deux mondes*，n 13 et 14，1963，p. 66—76 et p. 221—230。

49.《塞内加尔，这就是法国在西非的体现》这也是费尔赫布后来出版著作的书名（*Le Sénégal, la France dans l'Afrique occidentale*），Hachette，Paris，1889，第 503 页。

50. 引自拉明·杰耶（Lamine Guèye）《非洲历程》（*Itinéraire africain*），Présence africaine，Paris，1966，第 245 页。

51. 同上。

52. 同上。

53. 参见前述《殖民的方法和理论》，第 172 页。

54. 同上。

55. 引自柯林《教育体系和社会巨变：塞内加尔教育情况的连续与断裂》，第 327 页。

56. 转引自保罗·德萨曼的《1940 年至 1941 年威廉·庞蒂学校的情况报告》（Ecole William-Ponty，Sébikotane. *Rapport statistique sur le fonctionnement de l'école, Année scolaire 1940—1941*）。

57. 同上。

58."法属非洲的文化"这套理论的提出，后来则催生了塞内加尔作家乌斯曼·索谢·迪奥普（Ousmane Socé Diop）对文化交融的构想，更是随后塞内加尔政治家兼文豪桑戈尔的主张。

59. 参见乔治·哈代《法属西非的道德征服》，第 50 页。

60. 同上。

61. 同上。

62. 同上。

63. 参见伊斯兰长老在巴黎的硕士论文《论1871年至1914年间塞内加尔市镇当地人的政治起步》[Cheikh N'Diaye, *Les débuts politiques des Originaires des Communes du Sénégal（1871—1914）*], Mémoire de maîtrise d'histoire, Université Paris X, 1980, 第123页, 以及美国学者的《塞内加尔黑人政治的兴起。1900年至1920年间在"四市"对权力的争夺》(Georges Wesley, Jr, *The Emergence of Black Politics in Sénégal. The Struglle for Power in the Four Communes. 1900—1920*), Standford, California, Standford University Press, 1971, 第260页。

64. 参见罗兰·柯林的《教育体系和社会巨变：塞内加尔教育情况的连续与断裂》, 第287页。

65. 参见殖民总督在1932年8月18日《塞内加尔官方日报》(*Journal officiel du Sénégal*) 上的指示, 第638页。

66. 同上, 第404页。

**参见《科特迪瓦教育史：从起步到布拉柴维尔会议》(*Histoire de l'éducation en Côte d'Ivoire. Des origines à la Conférence de Brazzaville*), CEDA, Abidjan, 1983, 第404页。

67. 参见亨利·戈蒂耶的《在国际殖民大会上有关殖民地和海外属地教育的讲话》(*Discours à l'occasion du Congrès intercolonial sur l'enseignement dans les colonies et les pays d'outre-mer*), 5—27 sept., 1931, préface de P. Crouzet, Paris, 1932, VII 312p., 第291和293页。

68. 引自H. Brunschwig的《1871年至1914年法国殖民帝国主义的迷思及现实》,（*Mythes et réalités de l'impérialisme colonial français*：

1871—1914), Armand Colin, Paris, 1960, 第 134 页。

69. 参见"法属刚果的当地教育"（L'enseignement des indigènes du Congo français）一文, 载于 *Pages libres*, n°283, 2 juin 1906, 第 557—570 页。

70. 同上。

71. 同上。

72. 同上。

73. 同上。

74. 参见阿不杜拉耶·李（Abdoulaye Ly）的著作《论非洲的群众及其目前的状况》(*Les masses africaines et l'actuelle condition humaine*), Présence Africaine, Paris, 1956。

75. 参见罗兰·柯林的《教育体系和社会巨变：塞内加尔教育情况的连续与断裂》, 第 154—205 页。

76. 参见前述谢弗尔的著作, 第 283—284 页。

77. 参见前述让·高歇的著作。

78. 同上, 第 199 页。

79. 参见乔治·哈代《费尔赫布》（*Faidherbe*）, Editions de l'Encyclopédie de l'Empire français, Paris, 1947, 第 84 页。

80. 参见罗兰·柯林的《教育体系和社会巨变：塞内加尔教育情况的连续与断裂》, 第 199 页。

81. 同上, 第 85—86 页。

82. 同上。

83. 参见《有关法属西非教育机构组织形式的文本》(*Textes relatifs à l'organisation générale de l'enseignement et à l'organisation de l'enseignement technique supérieur en AOF*), Imprimerie du gouvernement

général, Gorée, 1918, 第 78 页。

84. 同上，第 4 页。

85. 同上。

86. 同上。

87. 同上。

88. 同上。

89. 见 1920 年 10 月 10 号的指令。

90. 参见 Paul Crouzet "战后的殖民教育"（"L'enseignement dans les colonies depuis la guerre"），载于 *Revue Universitaire*, 33^è année, n°4, 15 avril 1934, 第 289—304 页。

91. 同上，第 95 页。

92. 参见 Carde "法属西非教育组织的重组"（"La reorganisation de l'enseignement en A. O. F."），载于 *Revue indigène*, n° 185—186, mai-juin 1924, 第 111—129 页；以及 Jore《有关塞内加尔教育的一些文本》(*Textes sur l'Enseignement au Sénégal*)。

93. 参见《殖民地和海外属地教育大会的报告和会议总结》(*Rapports et comptes-rendus du Congrès intercolonial sur l'Enseignement dans les colonies et pays d'outre-mer*), 25—27 sept. 1931, H. Didier, Paris, 1932。

94. 同上。

95. 同上。

96. 参见雷内·普列文（René Pleven）为《复兴》杂志特刊里论及《法国的未来》(*L'Avenir français*) 主题所作的序，octobre 1944。

97. 参见雷内·普列文的演讲 "Commissaire aux colonies, à la Conférence de Brazzaville", 载于 *La Conférence africaine de Brazzaville*, *op. cit.*, 第 22 页。

注　释

98. 参见亨利·洛朗提"法国殖民政策背后哲学的要点"（"Note sur une philosophie de la politique coloniale française"，载于 Renaissances，同上。

99. 参见 P. O. 拉丕"赞成一种新的殖民政策"（"Pour une politique coloniale nouvelle"），载于 Renaissances，oct. 1944，op. cit.，第 16—20 页。

100. 同上。

101. 参见《布拉柴维尔会议》（La conférence africaine française de Brazzaville），op. cit.，第 44 页。

102. 同上，第 43 页。

103. 当时塞内加尔议员桑戈尔在 1946 年 3 月 21 号国民议会召开之际，向法国殖民部长马利乌斯·穆帖（Marius Moutet）指出布拉柴维尔会议的不足。"部长先生，布拉柴维尔会议论及教育的篇幅只有全文 30 页的 1.5 页。这种疏忽是很致命的。本该有的人文关怀，都荡然无存。"参见桑戈尔的《自由之二：国家与非洲社会主义的道路》（Liberté II. Nation et voie africaine du socialisme），Le Seuil，Paris，1971，第 9—16 页。

104. 援引罗兰·柯林的《教育体系和社会巨变：塞内加尔教育情况的连续与断裂》，第 401 页。详细的数据，见该页中提到的"布拉柴维尔会议中的教育问题"（"Conférence de Brazzaville. Enseignement"）特辑，1944.，A. R. S. 0164。

105. 同上，第 400 页。该内部文件引自罗兰·柯林的"教育体系和社会巨变：塞内加尔教育情况的连续与断裂"（nov. 1945），第 409 页。

106. 参见 Abdoulaya Bara Diop 的《沃洛夫社会》（La société wolof），

Edition Kartala, Paris, 1983; Yaya Wane 的《弗达图罗的图库罗人》(*Les Toucouleurs du Fouta Tooro*), IFAN, Dakar, 1969, 第 251 页; Pathé Diagne 的《西非的传统政治权力》(*Pouvoir politique traditionnel en Afrique occidentale*), Présence africaine, Paris, 1967; Boubacar Ly 的《塞内加尔沃洛夫人和图库罗人的荣誉和道德价值》(*L'honneur et les valeurs morales dans les sociétés ouolof et toucouleur du Sénégal*), thèse de doctorat de 3e cycle de sociologie, Paris, 1966。此外，还有关于法国学者 Louis-Vincent Thomas 对迪奥拉人的研究著作。

107. 援引罗兰·柯林的《教育体系和社会巨变：塞内加尔教育情况的连续与断裂》(*Procès-verbaux du Conseil Supérieur de l'Enseignement en A. O. F.*), session du 27 juin, 1921, 第 327 页。我们还应指出，在德国移交给法国多哥和喀麦隆两个殖民地的管辖权后，法国迫不及待地在这些地区实行教育行动，目的就是要尽快建立法国殖民教育机构，界定当地人的身份国籍。

108. 参见 1924 年 5 月 1 号的指令。同上。

109. 参见威廉·庞蒂 1908 年 12 月发表的"法属西非理事会议开幕致辞"("Discours d'ouverture de la session du Conseil de gouvernement de l'A. O. F.")。载于 *Situation générale de l'année 1908*, Gorée, Imprimerie du gouvernement général, 1908, 第 24 页。

110. 同上。

111. 有关塞内加尔互助教育方面的著作，参见 J. Gaucher 的《法语非洲的殖民教育之初：让·达尔和圣路易互助学校》(*Les débuts de l'enseignement en Afrique francophone. Jean Dard et l'école mutuelle...*), Le livre africain, Paris, 1969, 第 199 页。

112. 这份提议报告，其实是整个法属黑非洲的殖民教育章程

(*Organisation du service de l'Enseignement en A. O. F.*, précédé du rapport préliminaire du Lt. gouv. Guy), Imprimerie du gouvernement gnénéral, Gorée, 1903, 第 24 页。

113. 参见 1918 年 11 月 1 号的指令，收录在《涉及法属西非高等技术教育架构的一些文件》(*Textes relatifs à l'organisation générale de l'Enseignement et à l'organisation de l'Enseignement technique supérieur en A. O. F.*)，1918，第 75 页。

114. 关于夏尔东 1930 年 10 月 21 日"向殖民总督作的有关教育的报告"("Rapport à M. le Gouverneur général sur les problèmes de l'Enseignement")，参见柯林的《教育体系和社会巨变：塞内加尔教育情况的连续与断裂》，第 313 页。

115. 同上，第 24—25 页。

116. 同上，第 25—26 页。

117. 拉佛内尔（Raffenel），同上，第 113 页。

118. 参见布瓦拉修道院长于 1843 年 7 月 26 日在塞内加尔中学颁奖时的发言 "Discours pour la distribution des prix du collège du Sénégal fondé par M. le Gouverneneur Bouet"，载于 *Esquisses sénégalaises*, *op. cit.*，第 240 页。

119. 参见 1842 年法国海军部的文件（L'abbé Fourdrinier au Ministre, 16 novembre, 1842, communiqué par Dépêche Ministérielle, 16 décembre, 1842），引自乔治·哈代的《1817 年至 1854 年塞内加尔的教育》，第 63 页。

120. 参见布瓦拉"在圣路易中学启动仪式上的讲话"("Discours d'inauguration du collège de Saint-Louis")，载于 *Esquisses sénégalaises*, *op. cit.*，第 250 页。

121. 同上。

122. 同上。

123. 也恰是由于当地民众的这番颇有点接受同化性质的考量，法国殖民初等教育理事会在其1921年会议期间，便决定在四市地区的学校里实行和法国本土一样的课程大纲。

124. 关于 *Bulletin Officiel des Colonies* 法令全文，参见约尔（L. Jore）《有关塞内加尔教育的一些文本》(*Textes sur l'Enseignement au Sénégal*)，第116—122页；根据1920年11月6号殖民长官特里艾（Tellier）的指令，圣路易中学的权限已经被界定好，学校理事会的主席由殖民地总秘书担任；假如总秘书无法担任，则由系主任负责。参见约尔《有关塞内加尔教育的一些文本》，第122—123页。

125. 读者可参阅第三章。1919年的法令（关于"教育"）包括第4条和第7条。

126. 参见第50—414号法令，刊登于4月7日的《法兰西共和国官方日报》，第3，812页。

127. 法国教育部涉及达卡高等研究院委员会人员配置的指令，参见1950年8月13日《法兰西共和国官方日报》。在这里，我们要指出：法国用行政、学术双重方式来管理达卡高等研究院，这是延续了欧洲大学的传统。事实上，像创办于1150年的巴黎大学那样，欧洲也有其他的学术重镇诞生，例如像由教师筹办的牛津、博洛尼亚大学，或者又例如由希望吸引学生来求学、得以和其他大学抗衡的国王创办的大学。于是，英国人就创办了卡昂大学和波尔多大学，以此来和法国人及菲利普二世的杜埃大学（Douai）抗衡。参见"论法国的高等教育史"（ "Sur l'histoire de l'enseignement supérieur en France"），*Notes et Etudes Documentaire*, n°236, *la Documentation Française*, 15p.，第3页。

128. 参见1949年8月12日的《法兰西官方日报》。该指令随后被1950年6月6号的指令所删减。后者规定，在达卡创设一个隶属于波尔多大学的写作与口语考试中心，试题和考官都由该校组织。

129. 参见1950年6月5日的教育部指令。

130. 参见1951年1月5日的教育部指令。

131. 参见1951年1月5日的教育部指令

132. 参见1951年12月5日教育部的指令。

133. 参见1954年3月8日的指令。

134. 参见1953年2月18号有关在达卡高等研究院设置大课教席的指令，也可参见2月24号的《法兰西官方日报》，第1845页。该指令随后被1957年2月27号有关创设达卡大学的指令所废除。我们列出1957年2月27号指令第三条的内容："创设的经费，将由法属西非政府补助到波尔多大学的款项全部覆盖。"而且，"如果款项停止发放，则第一条中提到的教席和职位将会被取消。"

135. 参见1954年4月5号教育部和海外属地部共同发出的指令，该指令有关创设一个法属西非的行政文凭，第4，170页。

136. 原著缺第136条注释。

137. 参见*JORF*，1957年2月28日，第2，297页。

138. 参见吕西安·佩"达卡大学"（"L'Université de Dakar"），*Livret de l'Etudiant de l'Université de Dakar* 的前言，1959—1960，Imprimerie nationale, Dakar, 1959，第5页。

139. 同上，参见第一条。

140. 同上。

140. 参见1957年7月29日第57—847号法令，*JORF*, 31 juillet, p. 7 057 ou J. C. F. O. M. 1. 58.

141. 援引塞尔柱·罗伯特（Serge Robert）于 1969 刊登在法国期刊《外交世界》(*Le Monde Diplomatique*) 上的文章。顺带说一句，在巴黎国际大学城的那幢前"法属西非楼"，如今改名为"吕西安·佩楼"。

142. 同上。

143. 参见"殖民地高级专员梅斯默于 1958 年参观达卡大学的报道"（"Le Haut-Commissaire Messmer visite l'Université de Dakar"），载于 *Chroniques d'outre-mer*, n°51, décembre 1958。

144. 参见 1915 年 12 月 18 日的《法属西非官方日报》, p. 817 et ss。

145. 参见布热维耶的"学术与殖民"（"Science et colonisation"），刊登于 *Science et Industrie*，转载于 *Trois études*, Imprimerie du gouvernement, Gorée, 1935, 第 41—43 页。

146. 同上。

147. 同上。

148. 同上。

149. 参见桑巴·迪亚耶（Samba N'Diaye）于 1963 年在北京论坛上的精彩发言稿"论黑非洲的人种与阶级结构"（"Ethnographie et structure de classes en Afrique noire"）。

150. 参见罗伯特·蒙田（Robert Montagne）的发言"法兰西联盟可能吗？"（"L'Union Française est-elle possible?"），1963 年北京论坛。

151. 参见 H. Labouret 的《殖民、殖民主义和去殖民化》, 第 76 页。

152. 参见罗格·杜沃（R. Duveau）的"海外属地教育第五次会议的开幕发言"（"Discours inaugurql de la Ve Conférence de l'enseignement

outre-mer"), 15 semptebre 1954, *Chroniques d'outre-mer*, n°9, oct. 1954。

153. 参见 1915 年 12 月 18 日的《法属西非官方日报》, 第 817 页。

154. 同上。

155. 在这个意义上,法属赤道非洲的人种研究中心(Centre d'Etudes Ethnographiques d'AEF)和喀麦隆研究协会(Société d'Etudes Camarounaises)均被纳入法国黑非洲学院的框架中。

156. 殖民总督以 8,000 法郎之额增添到莫诺的收入中,还有别的差旅补贴。参见 1938 年 7 月 22 号的指令,或 1938 年 7 月 30 号的《法属西非官方日报》。

157. 参见 1948 年 2 月 11 号法属西非的指令,或 1948 年 2 月 20 号《法兰西共和国官方日报》。

158. 原著缺第 158 条注释。

159. 《达卡大学学生手册》, 1959 年至 1960 年, 第 383 页。

160. 引自乔治·哈代的《1817 年至 1920 年法属西非的教育状况:是一场文明开化任务抑或是培育当地精英?》, 第 85 页。

161. 同上, 第 86 页。我们要指出, 地方上的殖民管理部门, 不总是负责落实上面委员会关于职业教育、尤其是工业培训方案的对应部门。

162. 我们可以从著名的非洲法语小说 Amadou Hampaté Ba 的《旺更的遭际》(*L'étrange destin de Wangrin*)中, 借其中一位人物拉库西(Racoutie)之口, 把握这种充当当地翻译人员的情况。在小说中, 他对伙伴们说:"我现在是长官的翻译, 是他的手足。每一天, 我都伴随他左右。我可以旁若无人地走进他的办公室, 可以直接与他对话。我是坐在白人长官办公室门口长椅上的拉库西。我们哪个不知道, 长官有着对我们的生杀予夺大权？假如还有人不知道，那么请这个人来听听我的叙述。今天，感谢上天，我可以这么近地坐在长官附近。"

163. 参见海外属地（达荷美）档案（Archives Nationales-Section Outre-mer, ANSOM），VII, 5，转引自 H. 布伦斯维茨（H. Brunscwhig）的著作《法属西非的黑人和白人》(*Noirs et Blancs dans l'Afrique noire française*)，Flammarion, Paris, 1983, 247p.，p. 108。

164. *Feuille Officielle du Sénégal et Dépendances*，arrêté du 9 décembre 1862. 引自 H. Brunschwig 的《1871 年至 1914 年法国殖民帝国主义的迷思及现实》，第 108 页。

165. 参见 A. Mercier 的《海外殖民地小学教学》(*L'enseignement colonial élémentaire à l'étranger*)，第 4 页。

166. 参见 G. 哈代的《法属西非的道德征服》。

167. 参见约尔的《法国在非洲西部设立的机构》，第 149 页。

168. 同上（art. 32, al. 1er et 2）。

169. 参见《法国海外属地的教育》(*L'enseignement dans les T. F. O. M.*)，1946，第 10 页。

170. 有关威廉·庞蒂学校的架构重组，参见 1918 年 11 月 1 号的指令：*Textes relatifs a l'organisation generale de l'Enseignement*, pp. 21 et ss。另外，参见 Charles Béart 的文章"黑非洲史的一个细节：威廉·庞蒂学校的诞生、经营和结束"（"Un point d'histoire de l'Afrique noire: la naissance, la vie et la mort de l'Ecole fédérale William-Ponty"），*Dakar-Matin*, 18 avril 1964。需要更具体细节的，可参考 Peggy Sabatier 的博士论文《培养殖民地精英：论威廉·庞蒂学校及其毕业生》(*Educating of Colonial Elite. The William-Ponty School and its Graduates*)，Ph. D.，University of Chicago, 1977, 第 470 页，或者 Peggy Sabatier 的法语文章

"1904年至1945年间威廉·庞蒂学校在法属西非培养的殖民精英"("Formation d'une élite coloniale: l'Ecole William-Ponty en Afrique occidentale française de 1904 à 1945"),*Educafrica*,n°6,novembre 1930,第113—132页,以及本书作者的博士论文,第483—512页。

171. 1928年8月25号指令第25条就允许设立第二个颁发初级证书的教育课程,同时也有特别课程提供给希望获得高等证书的人(art. 39 ter et quater)。

172. 参见萨巴蒂耶(Peggy Sabatier)的博士论文《培养殖民地精英:论威廉·庞蒂学校及其毕业生》(*Educating of Colonial Elite. The William-Ponty School and its Graduates*),University of Chicago,1977,第211页。他举出例子,如在1949年这一年,共有2,490位毕业生,当中有1,202位任课老师、450位行政机构附属人员、757位医科生。

173. 参见笔者本人在一次学术会议上的发言"非洲对民主的召集及教育问题"("le Rassemblement démocratique africain et la question scolaire"),communication au colloque international sur l'expérience du RDA,Yamoussoukro(Côte d'Ivoire),12—26 octobre 1986。各国的一些人物有:塞内加尔的Mamdou Dia, Joseph MBaye, Doudou Gueye, Obèye Diop, Ciré Dia, Amath Ba;科特迪瓦的Houphouet Boigny, Coffi Gadeau, Bernard Dadié, Philippe Yacé;苏丹的Modibo Keita, Ousmane Ba, Madeira Keita, Abdoulaye Singaré, Mamadou Gologo;几内亚的Saifoulaye Diallo, Telli Diallo;达荷美的Louis Hunkarin, Hubert Maga, Emile D. Zinsou;尼日尔的Hamani Diori;上伏尔他地区的Ouezzin Coulibaly, Maurice Yameogo等。

174. 乔治·哈代《我们殖民中的大问题》(*Nos grands problèmes coloniaux*),A. Colin,Paris,1933,第66页。关于混血儿问题,参见第

65—69 页。

175. 参见雷诺－莫里涅（Renaud-Molinet）"苏丹的混血儿状况"（"La condition des métis au Soudan"），*Annales Coloniales*，juillet 1937，n°54, 34ᵉ année，第 22—23 页。

176. 参见雷诺－莫里涅一文，同上。

177. 参见费尔赫布的《法属西非的黑人和白人》，第 368—369 页。

178. 参见布伦斯维茨的《塞内加尔，这就是法国在西非的体现》，第 125 页。

179. 参见 1857 年《塞内加尔官方文档》(*Bulletin official du Sénégal*)，第 445—446。费尔赫布甚至曾经想过要为年轻的穆斯林女性开设学校。

180. 参见罗兰·柯林的《教育体系和社会巨变：塞内加尔教育情况的连续与断裂》，第 257 页。

181. 参见卡米·吉的著作。

182. 乔治·哈代，《法兰西殖民帝国的宗教问题》(*Le problème religieux dans l'Empire français*)，Leroux，PUF，Paris，1940，第 VIII—156 页。

183. 参见卡米·吉的著作。

184. "对你们来说，成人教育何以有用？"，这个问题许多人（包括我奶奶）都给出了相当一致的回答："掌握读写，可以让当地人直接和殖民当局接触，不必让别人代为写信，进而不会让人知道我的秘密、我的档案。同样，会用法语算数可以节省时间。总之，这些可以让我自立，免受别人欺骗。"

185. 所谓"未受过教育的人"，指的是不懂法语的人。结果，像我祖父这样精通阿拉伯语的伊玛目,却只能在殖民地身份证上被标为"不会读写"。那么从殖民地的行政归类来看,我祖父就是一个"未受过教育的人"。

186. 参见《法国海外属地的教育》,*N. E. D.* n°1896,第 8 页。对法国的大众文化和成人教育课程感兴趣,可参见《1833 年至 1869 年成人教育的统计数据》(*Statistiques des cours d'adultes 1833—1869*),Imprimerie nationale,1869,pp. III-VII;L. Chevalier 的《19 世纪上半叶的工人阶层和高危职业阶层》(*Classes laborieuses et classes dangereuses à Paris pendant la première moitié du XIX^è s.*),Plon,Paris,1958。在 19 世纪上半叶,法国大众文化的主题之一,还是为了防范社会矛盾激化。而下半叶兴起的义务教育,也是从公共福祉的角度着眼。从这个意义来说,就连"入学和服兵役"之间年龄段的青年,也需要一定的关怀,为他们提供不同形式的培训,让他们更好地进入将来的职业市场中。

我们也可以趁这个机会指出,在这些职业市场的体系里,雇主尽力把雇员留在工作单位里,因为他们不希望雇员有较高的流动性。正因为如此,法国后来才有了就业展望署(Caisses de prévoyance),而其最初的设立构想,便对应着某种对雇员稳定性的调控。参见 H. Hatzfel 的《1850 年至 1940 年间从贫困化到公共福祉》[*Du paupérisme à la sécurité sociale(1850—1940*)],Armand Colin,1971。

187.《法属西非的教育状况》,192,第 1 页。

188. 对成人课程的设置和管理架构感兴趣的,参见 1924 年 5 月 1 日指令的第 27 到 31 条。

189. 参见《法属西非的教育状况》,或上述 1924 年 5 月 1 日指令的第 27 条。

190. 参见1946年《法国海外属地的教育》，*NED* n°1，896，第9页。

191. 同上。

192. 参见夏雷在海外属地的特殊任务和情报军事中心（Centre Militaire d'Inforamtion et de Spécialisation sur l'Outre-Mer，简称 C. M. I. S. O. M.）上的会议发言"非洲国家的基础性教育"（"l'éducation de base en pays africain"），Paris，23p.，第12页。

193. 在法国，负责正规教育阶段之后的教育机构（Congrès des œuvres post-scolaires）在1901年提出把这种"社会学堂"的称谓更改为"群众教育"。群众教育，既关注劳工及其家庭的关系，也关注他本人的身体健康、文化生活、交际环境和业余消遣等方面。它看重的是像合作、团结以及未雨绸缪这样几条原则。对法国群众教育问题感兴趣的，可参见《法国的大众文化》（*La culture populaire en France*），N. E. D. n°233，12 février，1946，8p.；对非洲"群众教育"问题感兴趣的，可参见 Kêba Mbaye 的《非洲的基础性教育》（*L'Education de base en Afrique*），Mémoire de fin d'études de l'E. N. F. O. M.，1960。

194. 参见安德烈·特利斯（A. Terrisse）的《法属西非的基础教育手段和音像附属手段》（*Les méthodes de l'éducation de base et les auxiliaires audio-visuels en A. O. F.*），Education africaine，série "Education de Base"，n°3，1954，publié par le Service Fédéral de l'Education de Base de l'A. O. F.，31p.，pp. 7—8。

195. 同上，第8页。

196. 参见马丁（Cl. Martin）在1981年国际教育史会议上的发言（"Théories sur l'éducation des filles et politiques scolaires locales：example de la Haue Garonne"），communication au colloque de l'Association Inter-

nationale pour l'Histoire de l'Education, Sèvres, 1981, 6 ff。以下引自马丁的发言："科学，无非是证明了女孩智力上的缺陷。社会学家孔德便援引了大脑理论，从而断言女孩终其一生都只有小孩水平的大脑。在本世纪下半叶，对人类大脑尺寸的分析表明，女孩思维生而低等。曾经宣称'奴役即谋杀'普鲁东便认为，女性的低等有三重含义：生理上的、道德上的和智力上的。而且，这些都是根植于她们不是男性这一事实。"我们不妨在这里将男性对女性道德上的监控和沃洛夫语种的"deenc"一词联系起来。该词字面上的意思是"监护"，也可以暗指丈夫对妻子在家中或家外道德状况的留意。

197. 玛丽·玛德莲·德佛朗斯（M.-M. Defrance）的《针对男童教育实践的女童心理研究》(*La psychologie des filles pour l'instruction des garçons*), Editions Familiales de France, Paris, 1950, 80 p., p. 72。

198. 同上，第73页。引自马丁的发言："我们在1848年的报纸上可以看到，女人应该时时打理着家务，但不应把拥有的东西全部扛在身上。她应该像回声一样，只有在别人发问时才发声，而且不应作最后陈词。还有，她应像市镇里的大钟那样精确、恒定，但又不能像大钟那样钟声远扬。"

199. 参见卡米·吉的著作。

200. 同上。

201. 正是在这种思路底下，1923年10月1日的指令和1924年9月23日的指令均提到了招募女性雇员的条件，尤其是在塞内加尔的附属通信员或打字员等工作。

202. 参见1937年1月18日涉及"当地女性教育"的指令，A. R. S. O 258 ou *J. O. A. O. F.*, janvier 1937。

随后，出于类似的逻辑，桑戈尔更是补充了"非洲妇女解放"这一维度:"近十年来,我们的联邦学校、职业学校、手工劳务学校,还有我们的中等学校,都越来越多地开展面向年轻女性的行动。她们往往是一些教员、助产士、护士、打字员,还有未来的教授、医生,在社会上还不太受广泛接受。她们经济独立,不时会和欧洲女人比较,也会和男性作比较。对多妻制,她们越来越难以接受了。"

"我们要很清醒。恰恰是有了越来越多这样的女性,我们才会有法属西非黑人女性的解放。而开展的行动、开设的学校,无非是实现这个目标的手段罢了。"参见桑戈尔 1950 年"法属西非的妇女地位演变"("L'évolution de la situation de la femme en A. O. F."),*Marchés coloniaux*, n°226, 11 mars 1950, 第 541—543 页。

203. 参见 P. Rivenc et P. Guberina, "非洲成人教育的发展规划"("Projet en vue du développement de l'éducation des adultes en Afrique"), Présence africaine, 1er trim, 1962。

204. 同上。

205. 参见卡米·吉的著作。

206. 同上。

207. 参见 1916 年 1 月的《非洲教育》(*Education africaine*), n°20, janvier 1916, 第 16 页。

这些资料在巴黎索邦大学、楠泰尔的当代国际档案图书馆(Bibliothèque de Documentation Internationale Contemporaine de Nanterre)、法国海外属地国家档案馆以及国际公共行政学院(Institut International d'Administration Publique) 均有存放。

208. 参见乔治·哈代的《两条道路:给殖民地本地年轻公务员的一些具体建议》,第 39 页。

209. 同上,第 230 页。

注 释

210. 安德烈·特利斯,《法属西非的基础教育手段和音像附属手段》, 第 227 页。

211. 同上, 第 228 页。特利斯的发言 (1950 年) 是温和的, 尽管称作 "法兰西联盟"。

212. 讲到战略认识这一问题, 不妨说一句, 有同事将这个 P-A-P 模式的简称与笔者本人的名字 (Papa Ibrahima Seck) 用谐音联系起来, 尤其是 1990 年在南特举行的有关塞内加尔的研讨会 (Le Sénégal des interrogations) 上的同事 (Mamadou Kamara, Mar Fall, Hamidou Coulibaly 等)。

213. 参见蒙哥·贝蒂为一本非洲小说 Le temps de Tamango (roman) suivi de Thiaroye, terre rouge (théatre) 写的序言, L'Harmattan, Paris, 1980。

214. 法国的情况, 经验上的感觉似乎有所改变。这里头有几个因素: a) 巴黎地区学生条件的恶化; b) 没有措施把学生安置到职业市场中 (甚至不时会看到博士毕业的人去担任看门); c) 科研条件的不如意; d) 排外和种族主义抬头; e) 和美国、加拿大、(当时的) 西德相比, 法国和非洲的合作进展相对较慢。

215. 参见 P. 保林的《伦理与政治》(Ethique et politique), Sirey, Paris, 1968, 第 74 页。

216. 参见殖民总督克洛泽为哈代的《法属西非的道德征服》一书作的序, 第 3—4 页。

217. 我们不妨指出, 这样一种双重的构想, 恰是 19 世纪政治自由学院 (Ecole libre des Sciences Politiques) 创办的宗旨之一。

218. 我们要看到皮埃尔·福杰罗亚在分析 "老牌殖民主义或帝国主义在借用当地精英阶层统治时的历史变迁" ("la transmutation histo-

rique du vieux colonialisme en un impérialisme exerçant son exploitation par l'intermédiaire des classes privilégiées des pays dominés")这一问题上的见地,参见他《论老牌殖民地向帝国主义殖民地转变对当地精英团体的利用》(*Savoirs et idéologies dans les sciences sociales, Tome II: Les processus sociaux contemporains*), Payot, Paris, 1980,第 281 页;另外还有 Amilcar Cabral 的《理论武器》(*L'arme de la théorie*), Maspéro, Cahiers Libres, 975, 360p; Kwameh Nkrumah 的《非洲的阶级斗争》(*La lutte des classes en Afrique*)。

219. 参见 Yves Bénot 的《国家独立的意识形态》(*Idéologies des indépendances*), Maspero, Paris, 1975, 2 vol. (127 et 117p.); Georges Chaffard 的《去殖民化的私人日记》(*Les carnets secrets de la décolonisation*), Calmann-Lévy, 2e éd., Paris, 2 vol., 1965, 346 + 439p.。另外,1963 年巴黎大学博士论文《当代法国的政治意识》答辩通过的文章,第 278 页,有这么一段话:"福杰罗亚提出,去殖民时期的政府与政党政治,或许可以加快或减缓时代事件,但无法从根本上扭转它们的走势。去殖民,是一系列必然的事件,直到被殖民的地方获得国家独立,也就是殖民者丧失对该地的主权。无论是否流血,这个过程都是不可阻挡的。"

参考文献

参考文献有三大类：
——期刊
——部分官方文件
——学术著作和论文

一、期刊

在研究过程中，我们仔细爬梳了档案、官方出版物、期刊。部分出版间接地和殖民史或者直接地和本书主旨相关，例如《法属西非教育文档》(*Bulletin de l'Enseignement de l'A. O. F.*) 或《殖民年鉴》(*Annales Coloniales*)。另外一部分出版物则是我们政治学界常参考的读物，例如《国际社会科学文档》(*Bulletin International des Sciences Sociales*) 或《政治学基金会手册》(*Cahiers de la Fondation Nationale de Sciences Politiques*)。还有一部分是研究本书涉及到的地区的一些杂志，例如《海外杂志》(*Revue Outre-Mer*)、《非洲政治研究》(*Revue française d'Etudes politiques Africaines*)、《战略》(*Stratégies*)。

以下，我们按照拉丁字母顺序列举出这些期刊。

1. *Afrique Documents*(《非洲文件》)(I. F. A. N., Dakar)

2. *American Political Science Review* (《美国政治学评论》)

3. *American Sociological Review* (《美国社会学评论》)

4. *Annales Africaines* (《非洲年鉴》)(Université de Dakar)

5. *Annales Coloniales* (《殖民年鉴》)

6. *Annales de Droit et des Sciences Sociales* (《法与社会科学年鉴》)

7. *Année (L') Africaine* (《非洲年》)(C. E. A. N., Université de Bordeaux)

8. *Avenirs* (《未来》)

9. *Bulletin de l'Agence générale des colonies* (《殖民总署文档》)

10. *Bulletin de l'Enseignement de l'Afrique occidentale française* (《法属西非教育文档》)(Gouvernement général de l'A. O. F.)，后于1934年改为 *Education Africaine* (《非洲教育》)

11. *Bulletin de l'Institut Français d'Afrique Noire* (《法国黑非洲学院文档》)，后成为 *Bulletin de l'Institut Fondamental d'Afrique Noire* (《黑非洲基础学院文档》)

12. *Bulletin de Madagascar* (《马达加斯加文档》)

13. *Bulletin du Comité d'Etudes Historiques et Scientifiques* (《历史与学术委员会文档》)(Dakar, Gouvernement général de l'A. O. F.)

14. *Bulletin international des Sciences Sociales* (《联合国教科文组织国际社会科学文档》)(UNESCO)

15. *Cahiers d'Etudes Africaines* (《非洲研究手册》)

16. *Cahiers de la Fondation Nationale de Sciences Politiques* (《政治学基金会手册》)

17. *Cahiers du Centre des Hautes Etudes Administratives Musulmanes*（《穆斯林高等行政研究中心手册》）(Paris)

18. *Cahiers internationaux de Sociologie*(《国际社会学手册》)

19. *Centre Militaire d'Information et de Spécialisation sur l'Outre-Mer*（《海外军事信息和特殊任务中心》）(CMISOM, Paris – 著作与出版物)

20. *Chroniques d'Outre-Mer*(《海外属地纪事》)

21. *Condition（La）humaine*(《人的处境》)〔organe du Bloc Populaire Sénégalais（塞内加尔人民集合的出版物），Dakar, 后成为 *Unite*（《联合》）〕

22. *Daba（La）*〔Centre Lebret de Dakar（达卡乐布列中心）的出版物〕

23. *Dakar-Etudiant*（《达卡 – 学生》）〔Union Générale des Etudiants de l'Afrique Occidentale（西非学生总会）的出版物〕

24. *Dakar-Matin*(《达卡-早晨》)〔即 Paris-Dakar（《巴黎 – 达卡》），后成为 Le Soleil(《太阳报》)〕

25. *Documents d'Etudes*（《研究档案》）(La Documentation Française)

26. *Echo des Missions Africaines*(《非洲任务反馈》)

27. *Educafrica*(《非洲教育》)

28. *Education africaine*（《非洲教育》）(见 Bulletin de l'Enseignement de l'AOF)

29. *Etudes*(《研究》)

30. *Etudes et Documents d'Education*（UNESCO）(《联合国教科文组织教育领域的研究和文件》)

31. *Etudiant（L'）d'Afrique Noire*(《黑非洲学》)〔Fédération des Etudiants d'Afrique Noire en France（法国黑非洲学生联盟）的出版物。联

盟分部之下，按各自分部名称，有自己的出版物，如 *L'Etudiant Sénégalais*(《塞内加尔学生》)]

32. *L'Etudiant noir*（《黑人学生》)[于1934年由塞泽尔（Césaire）、桑戈尔（Senghor）、达马斯（Damas）成立的杂志]

33. *Europe*(《欧洲》)

34. *Gznève-Afrique*(《日内瓦－非洲》)(Acta Africa)

35. *International Affairs*(《国际事务》)

36. *Jonction*(《连接点》)（对非洲时局分析的季刊）

37. *Journal（The）of Modern African Studies*(《现代非洲研究杂志》)

38. *Marchés coloniaux*(《殖民地市场》)

39. *Mondes et cultures*(《世界与文化》)

40. *Notes africaines*(《非洲要点》)(IFAN)

41. *Notes documentaires et Etudes*(《文件与研究要点》)

42. *Notes et Documents*(《要点与文件》)

43. *Outre-Mer*(《海外属地》)

44. *Pages Libres*(《自由页》)

45. *Pensée（La）*(《思想》)

46. *Pratiques*(《实践》)

47. *Présence Africaine*(《非洲的存在》)

48. *Progrès（Lè）*《进步》(位于圣路易的反殖民周报)

49. *Recherche de Sociologie du Travail*（《劳动社会学研究》）(éd. Rivière)

50. *Renaissance*(《复兴》)(政策杂志)

51. *Réveil*(《觉醒》)[Rassemblement Démocratique Africain（非洲民主召集运动）的出版物]

52. *Revue d'Etudes Politiques et Economiques Africaines* （《非洲政治与经济研究杂志》）

53. *Revue de l'Institut Africain de Recherches Historiques et Politiques* （《非洲历史与政治研究中心杂志》）(Fondation Houphouet-Boigny, Abidjan)

54. *Revue des Deux-Mondes*(《两个世界杂志》)

55. *Revue des Troupes coloniales*(《殖民军队杂志》)

56. *Revue du monde musulman*(《穆斯林世界杂志》)

57. *Revue Française d'Etudes Politiques Africaines—Le Mois en Afrique* （《非洲政治研究杂志——每月非洲》)(La Documentation Française)

58. *Revue Française d'Histoire d'Outre-Mer*(《海外属地史杂志》)

59. *Revue française de Sociologie*(《法国社会学杂志》)

60. *Revue indigène*(《当地杂志》)

61. *Revue maritime et coloniale*(《海上与殖民杂志》)

62. *Revue Universitaire*(《大学杂志》)

63. *Semaine Sociales de France*(《法国社会周报》)(Lyon)

64. *Stratégies*(《战略》)

65. *Stratégiques* 《战略》 [revue de la Fondation pour les Etudes de Défense Nationale （法国国防研究基金会杂志）, Paris]

66. *Tam-Tam* （巴黎非洲天主教学生月报）

67. *Unité* （ *L'* ）《联合》(塞内加尔人民集合的出版物)

68. *Voix* （ *La* ） *de l'Afrique Noire*(《黑非洲声音》)(位于巴黎的"非洲民主召集"运动下属的出版物)

二、官方文件

1. 法属赤道非洲总督 Antonetti 关于 1925 年 5 月 8 号指令的一些指示：

"Instructions relatives à l'application de la circulaire du 8mai 1925 réorganisant l'enseignement en A. E. F.：programmes, directions pédagogiques, examens", Imprimerie du Gouvernement général, Brazzaville, 1925, 27p.

2. 法属赤道非洲政府出版的《论我们的学校》(*Nos écoles*), dir. de l'Enseignement, Brazzaville, 1938, X—204p.

3. 法属西非政府出版的《法属西非教育组织的架构》(*Organisation du service de l'Enseignement en A. O. F.*) 及塞内加尔行政长官卡米·吉的报告, Imprimerie du Gouvernement, Saint-Louis, 1903, 第 24 页。

4. 法属西非政府《有关法属西非教育人员的指令》(*Arrêté du g. g. William Ponty concernant le personnel de l'Enseignement en A. O. F.*), Imprimerie du Gouvernement général, Gorée, 1908, 第 40 页。

5. 法属西非政府出版的《论 1908 年的总体情况》(*Situation générale de l'année 1908*), Imprimerie du Gouvernement général, Gorée。

6. 法属西非政府出版的《有关法属西非高等技术教育和教育组织总架构的文件》(*Textes relatifs à l'organisation générale de l'Enseignement et à l'organisation de l'Enseignement technique supérieur en A. O. F.*), Imprimerie du gouvernement général, Gorée, 1918, 第 75 页。

7. 法属西非政府在马赛全国殖民博览会上递交的《论法属西非的教育》(*L'Enseignement en A. O. F.*), Imprimerie coopérative, Barrier et Cie, Moutauban, 1922, 第 37 页。

8. 法属西非政府在1931年国际殖民博览会上递交的《论法属西非的教育》(*L'Enseignement en A. O. F.*), Agence économique de l'A. O. F., Paris, 1931, 第15页。

9. 法属西非政府1931年1月24号涉及普及教育和当地学校的指令(Gouvernement général de l'A. O. F., Brévié, Circulaire n°45 du 28 janvier 1931 sur "L'enseignement massif et l'école indigène"), Archives du Sénégal, dossier 0258。

10. 法属西非政府1937年1月18号涉及当地女孩教育的指令(Gouvernement général de l'A. O. F., De Coppet, Circulaire n°38-E du 18 janvier 1937 sur l'enseignement des filles indigènes), *ARS.* 0258 ou J. O. A. O. F., janvier 1937。

11. 法属西非政府出版的《论当地的医疗救助》(*L'Assistance Médicale Indigène*), Agence Economique de l'A. O. F., Paris, 1931, 第27页。

12. 在《非洲教育》上发表的"论法属西非的高等教育"(*L'enseignement supérieur en AOF*), nouv. série, n°4, 1950, 第8—9页。

13. 马达加斯加政府出版的《论马达加斯加的教育》(*L'enseignement à Madagascar*), imprimerie du Gouverneur général, s. d., 第118页。

14. 非洲私立教育总署(General Directory of Private Education in Africa)出版的《1964年西非、中非和马达加斯加教育年报》[*Annuaire général de l'Enseignement en Afrique Occidentale, Afrique Centrale et Madagascar* (1964)], SEDOG, Paris, 1964, 第323页(Union Internationale pour la Liberté d'Enseignement)。

15. 《法国档案》(*Documentation Française*)上发表的《论1946年

至1956年间法国海外属地公立技术教育的演变》(*L'évolution de l'enseignement technique public dans les Territoires d'Outre-Mer de 1946 à 1956*); N. E. D., n°1953, du 27 novembre 1953。

16.《法国档案》上发表的《论法属西非的经济与社会情况》[*La situation économique et sociale de l'Afrique Occidentale Française* (3 parties)], I. *Considérations générales. Production agricoles et forestière*, N. E. D., n°1832, 4 février 1954, 第34页。

17.《法国档案》上发表的《论法国海外属地的教育》(*L'enseignement dans les Territoires d'Outre-Mer et Territoires associés*), 1er et 2e Parties, N. E. D., Paris, 1954, 29 + 29p.。

18.《法国档案》上发表的《论1946年至1953年间法国海外属地公立技术教育的演变》(*L'évolution de l'enseignement technique public dans les Territoires d'Outre-Mer de 1946 à 1953*), N. E. D., hors série, 15 oct. 1954, 第81页。

19.《法国档案》上发表的《论法国海外属地公立技术教育的最新演变》(*L'évolution récente de l'enseignement technique public dans les Terrotires d'Outr-Mer*), N. E. D., n°1953, 27 novembre 1954, 第35页。

20. 法国殖民部 (Ministère des colonies) 出版的《论殖民地高等教育》(*L'enseignement supérieur colonial, Direction de la documentation*), Office Française d'Edition, Paris, 1945, 第24页。

21. 法国殖民部出版的《殖民地职业教育的组织架构》(*Organisation de l'enseignement professionel dans les colonies*), Paris, 1946, 第170页。

22. 法国教育部 (Ministère de l'Education nationale) 出版的《法国海外属地的教育》(*L'enseignement dans les territoires français d'Outre-Mer, Service de cooridination de l'enseignement dans la FOM*), Imprimerie Natio-

nale, Paris, 1946, 第 48 页。

23. 法国海外部、财政与经济事务部（Ministère de la F. O. M., Ministère des Finances et des Affaires économiques）共同出版的《1939 年至 1946 年间法兰西联盟海外属地的统计年鉴》（*Annuaire statistique de l'Union Française Outre-Mer, 1939—1946*）中"教育"一章, Imprimerie Nationale de France, Paris, 1948, 第 39 页。

24. 达卡高等研究院（Institut des Hautes Etudes de Dakar）出版的《1952 年至 1953 年学生手册》（*Livret de l'Etudiant, 1952—1953*）, Grande Imprimerie Africaine, Dakar, 1952, 第 299 页。

25. 殖民长官约尔《有关塞内加尔教育的文件》（*Textes relatifs à l'Enseignement au Sénégal*）, Imprimerie du gouvernement général, Saint-Louis, 1929。

26. 达卡大学（Université de Dakar）出版的《1959 年至 1960 年学生手册》（*Livret de l'Etudiant, année 1959—1960*）, Imprimerie nationale de Dakar, 1959。

27. 达卡大学出版的《1961 年至 1962 年学生手册》（*Livret de l'Etudiant, année 1961—1962*）, Imprimerie nationale de Dakar, 1961。

28. 达卡大学出版的《1962 年至 1963 年学生手册》（*Livret de l'Etudiant, année 1962—1963*）, Imprimerie nationale de Dakar, 1962。

三、学术著作和论文（按作者字母顺序）

A

28. Abastado（C.）, "法式写作与演讲顺序"（"La composition

française et l'ordre du discours"), *Partiques*, Mars 1981, n°29, 第 3—22 页。

29. Aglemagnon (F. N. S.), "非洲对社会科学有什么期待" ("Ce que l'Afrique attend des sciences sociales"), 载于 *Présence Africaine 1947—1967*。Mélanges (*Réflexions d'hommes de culture*), *Présence Africaine*, Paris, 1969, 406 页。

30. Aguessy-Kone (P.),《西非和中非的教育：论初等教育问题》(*L'enseignement en Afrique Occidentale et Centrale. Contribution à une problématique de l'enseignement primaire*), thèse de doctorat de 3e cycle, Dakar, 1977, 236 页。

31. Akoto (P. Y.),《从学校到国家》(*De l'école à la Nation*), N. E. A., Abidjan-Dakar, 1978, 103 页。

32. Alduy (P.),《法兰西联盟：法兰西的使命》(*L'Union Française. Mission de la France*), Fasquelle, Paris, 1948, 151 页。

33. Alliot (M.), "大学传统与海外属地的干部培训" ("Tradition universitaire et formation des cadres outre-mer"), *Annales Africaines*, 1962, n°2, 第 459—471 页。

34. Alliot (M.), "黑非洲的国家与社会：嫁接与排斥" ("L'Etat et la société en Afrique noire, greffes et rejets"), 载于 *Actes du colloque sur Etat et Société en Afrique noire* (Paris, 19 et 20 Septembre, 1980), *Revue Française d'Histoire d'Outre-Mer*, t. LXVIII, n° 250 à 253, 1981, 第 95—99 页。

35. Altbach (P. G.), Kelly (G. P.), 《教育与殖民》(*Education and Colonialism*), Longman, New York, 1978, 372 页。

36. Althusser (L.), "意识形态与国家意识形态工具：论生产条件的再生产"("Idéologie et appareils idéologiques d'Etat: sur la reproduction des conditions de production"), *La Pensée*, juin 1970, 第 3—21 页。

37. Amin (S.),《被封堵的西非: 1880—1970 年间的殖民政治经济学》(*L'Afrique de l'Ouest bloquée. L'économie politique de la colonisation. 1880—1970*), Ed. de Minuit, Paris, 1971, 324 页。

38. Andrade (Mario de), "论安哥拉文人对政治意识的影响"("Contribution des hommes de culture à l'évolution de la conscience politique en Angola"), 载于 *Présence Africaine 1947—1967. Mélanges. Réflexions d'hommes de culture.* Présence Africaine, Paris, 1969, 第 152—158 页。

39. Andre (P. J.)(笔名 Pierre Redand),《伊斯兰和种族》(*L'Islam et les races*), Paris, 1922, 2 Vol.。

40. Annales Coloniales, "法属西非的技术和职业教育"("L'enseignement technique et professionnel en AOF"), in n°3, juillet 1932, 第 3—13 页。

41. Anozie (S.),《非洲小说中的社会学》(*Sociologie du roman africain*), Aubier, Paris, 1970, 268 页。

42. Arboussier (G. d'), "非洲联合起来中的大学"("L'Université de l'unité africaine"), 载于 *Afrique Documents*, n°64, juillet-octobre 1962, 第 139—148 页 (conférence prononcée à Dakar, le 16 mai 1962 à l'occasion de la Semaine de l'Etudiant organisée par la J. E. C. du Sénégal)。

43. Arnaud (R.),《伊斯兰与法国在法属西非的穆斯林政策》(*L'Islam et la politique musulmane française en Afrique occidentale française*), Afrique française, Paris, 1912, 250 页。

44. Aujas (L.), "塞内加尔的色雷尔语"("Les sérères du

Sénégal"），*Bulletin du Comité d'Etudes Historiques et Scientifiques de l'AOF*，1931，第 293—333 页。

45. Aujoulat（Dr, secr. d'Etat F. O. M.），"我们海外属地的手工劳动应受重新估量"（"Le travail manuel doit être revalorisé dans nos TOM"），*Marchés coloniaux*，Samedi 25 février 1950。

46. Aujoulat（Dr L-P.），《面向非洲的卫生教育》（*Une éducation sanitaire pour l'Afrique*，Union internationale pour l'éducattion sanitaire），Paris，112 页。

47. Autra（Ray）（笔名 Traore Mamadou），"法属西非的历史"（"Historique de l'enseignement en AOF"），*Présence Africaine*，n°6（2ᵉ série），1956，第 68—86 页。

48. Azango（A. J.），"教育问题：我们应该教育黑人吗？"（"Le problème de l'enseignement. Doit-on instruire les Noirs?"），*Le Progrès*，Saint-Louis, 6 février 1935。

B

49. Ba（Amadou Hampathé），《旺更的遭际》（*L'étrange destin de Wangrin ou les roueries d'un interprète africain*），UGE/Plon（10/18），1973，444 页。

50. Balandier（G.），"殖民情况：一个理论视角"（"La situation coloniale. Approche théorique"），*Cahiers Internationaux de Sociologie*，Vol. XI. Paris，1951，第 75—79 页。

51. Balandier（G.），"殖民社会学和各个社会间的关系"（"Sociologie de la colonisation et Relations entre sociétés globales"），*Cahiers Internationaux de Sociologie*，vol. XVII. Paris，1954，第 17—31 页。

52. Balandier（G.）,《模棱两可的非洲》(*L'Afrique ambigu？*), Plon, 1957, 293 页。

53. Balandier（G.）,《黑非洲的社会学》(*Sociolgie actuelle de l'Afrique noire*), 2ᵉ édition, P. U. F., Paris, 1963, 532 页。

54. Balans（J. L.）, "教育和发展的政治社会层面：以塞内加尔为例"（"Education et développement politique et social：Le cas du Sénégal"）, *Année Africaine*, Centre d'Etudes d'Afrique Noire de l'Université de Bordeaux, 第 268—282 页。

55. Balans（J. L.）, Coulon（C.）,《一个第三世界国家的教育问题和展望：以塞内加尔为例》(*Problèmes et perspectives de l'éducation dans un Etat du Tiers Monde. Le cas du Sénégal*), Centre d'Etudes d'Afrique Noire, Bordeaux, 1972, 198 页。

56. Barry（B.）,《瓦罗王国：1659 年至 1859 年》(*Le royaume du Waalo, 1659—1859*), Maspéro, Paris, 1972, 393 页。

57. Bastiat（F.）,《中学会考与社会主义》(*Baccalauréat et socialisme*), Guillaumin, Paris, 1850, 95 页。

58. Bastiat（R.）, "法国的非洲学生"（"Les étudiants africains en France"）, *Bulletin International des Sciences Sociales*, UNESCO, Vol. VIII, n°3, 第 496—499 页。

59. Bastch（C.）,《殖民机器中的一环：威廉·庞蒂学校》(*Un rouage du colonialisme：L'Ecole normale d'instituteurs William-Ponty*), Maîtrise d'histoire, Paris VII, 1973, 97 页。

60. Baudelot（C.）, Establet（R.）,《法国的资本主义学校》(*L'école capitaliste en France*), Maspéro, Paris, 1971, 347 页。

61. Beaufre（Général André）,《行动的战略》(*Stratégie de l'action*),

A. Colin, Paris, 1966, 143 页。

62. Beaufre (Général André),《战略导论》(*Introduction à la stratégie*, Avant-propos de Thierry de Montbrial), Economica, Paris, 1985, 129 页。

63. Beart (C.), "黑非洲史的一个细节：威廉·庞蒂学校的诞生、经营和结束"("Un point d'histoire de l'Afrique noire: la naissance, la vie et la mort de l'Ecole fédérale William-Ponty"), *Dakar-Matin*, 18 avril 1964。

64. Benoist (J. R. de),《1944 年布拉柴维尔会议至 1960 国家独立期间的法属西非》[*L'Afrique occidentale française de la Conférence de Brazzaville (1944) à l'Indépendance (1960)*], thèse de doctorat de 3e cycle, E. H. E. S. S., Paris, 1978, 882 f.。

65. Benoist (J. R. de), "天主教与法语西非一带的民族国家形成"("L'Eglise catholique et la naissance des nouvelles nations en Afrique occidentale francophone"), 载于 *Actes du colloque sur Etat et Société en Afrique noire (Paris, 19 et 20 septembre 1980), Revue Française d'histoire d'Outre-mer*, t. LXVIII, n°250 à 253, 1981, 第 100—111 页。

66. Benoist (J. R. de), "从布拉柴维尔会议到巴马科非洲民主召集大会"["De la Conférence de Brazzaville au Congrès du Bamako (du Rassemblement Démocratique Africain)"], 载于 *Revue de l'Institut Africain de Recherches Historiques et Politiques*, Fondation Houphouet-Boigny, Abidjan, n°7—8, octobre 1986, 第 78—99 页。

67. Berghe (Van den L.), "论非洲的种族"("L'éthnicité en Afrique"), 载于 *Revue Internationale des Sciences Sociales*, vol. XXXIII, 1971, n°4, 第 539—551 页。

68. Berenger-Feraud（L. J. B.）,《论塞内加尔－冈比亚的人口：其历史、人种、风俗、传说……》(*Les peuplades de la Sénégambie. Histoire, ethnographie, moeurs et coutumes, légendes...*), Ed. Leroux, 1879, 420 页。

69. Berger（I.）, "男女教师：塞纳河大区的首次调查结果"（"Instituteurs et institutrices. Premiers résultats d'une enquête dans le département de la Seine"）, *Revue Française de Sociologie*, 1960, n°2, 第 173—185 页。

70. Bernard-Duquenet（N.）,《塞内加尔与人民阵线》(*Le Sénégal et le Front populaire*), thèse pour le doctorat de 3e cycle, Université de Paris VII, 1977, 268 页。

71. Bernoux（Ph.）,《组织社会学》(*La sociologie des organisations*), éd. du Seuil, Paris, 1985, 285 页。

72. Bernstein（B.）,《语言与社会阶层》(*Langage et classes sociales*), éd. Minuit, Paris, 1976, 352 页。

73. Bertaux（D.）,《个人命运与阶层结构》(*Destin personnels et structures de classe*), P. U. F., Paris, 1977, 352 页。

74. Bertier（G.）(s. la dir, de),《学校》(*L'école, préface de la vie, ouvrage collectif*), Edition Sociale Française, Paris, 1943, 133 页。

75. Beslier（G. G.）,《塞内加尔》(*Le Sénégal*), Payot, Paris, 225 页。

76. Besson（M.）,《法国的殖民传统》(*La tradition coloniale française, Gauthiers Villars*), Paris, 1957, 174 页。

77. Beti（Mongo）,《任务结束》(*Mission terminée*), éd. Corréa Buchet-Chastel, Paris, 1957, 254 页。

78. Biarnes（P.）, "论西非的经济发展与社会发展之不协调"

("Réflexions sur la disharmonie entre progrès économique et progrès social en Afrique de l'ouest"), *Afrique Documents*, IFAN, n° 58, juillet-août 1961, 第 176—180 页。

79. Binger (L. G.),《伊斯兰的危险》(*Le péril de l'Islam*), Comité de l'Afrique française, Paris, 1906, 第 118 页。

80. Blet (Henri),《法国殖民史》(*Histoire de la colonisation française*), Arthaud, Grenoble-Paris, 共三卷。

第一卷:《1789 年之前殖民帝国的诞生与衰败》(*Naissance et déclin d'un Empire des origines à 1789*), 1946。

第二卷:《1789 年至 1870 年间的殖民复燃历程》(*Les étapes d'une renaissance coloniale 1789—1870*), 1946。

第三卷:《拥有海外属地的法兰西: 法兰西第三共和的殖民部署》(*La France d'outre-mer. L'œuvre coloniale de la IIIème République*), 1950。

81. Boilat (修道院长 P. D.),《塞内加尔简介》(*Esquisses sénégalaises*), Bertrand éd. Paris, 1853, 第 496 页 (2e édition présentée par Abdoulaye Bara Diop, éditions Karthala, Paris, 1984, 52-XVI-499p.)。

82. Bonnafe (Pierre),《非洲的民族主义: 其起源与发展初探》(*Le nationalisme africain. Aperçu sur sa naissance et son développement*), Centre d'Etudes des Relations Internationales, Fondation Nationale des *Sciences Politiques série C*: *Recherches*, n°9, décembre 1964, 第 60 页。

83. Bordier (Dr A.),《学术殖民与法国殖民地》(*La colonisation scientifique et les colonies françaises*), Reinwald, Paris, 1884, 第 XVI—506 页。

84. Bosschere (G. de),《对殖民的剖析》(*Autopsie de la colonisation*), Albin-Michel, Paris, 共两卷。卷一: 《历史的两大面向》(*Les deux versants de l'histoire*), 1967, 328 页; 卷二: 《去殖民化的前景》

(*Perspectives de la décolonisation*),1969,40 页。

85. Bouche（D.），"殖民征服时期（1884 年至 1900 年）在苏丹的法国学校"["Les écoles françaises au Soudan à l'époquede la conquête (1884—1900)"],*Cahiers d'Etudes Africaines*, vol. VI, n°29, 1968, 第 228—267 页。

86. Bouche（D.），"我们的国家曾经叫高卢"（"Autrefois, notre pays s'appellait la Gaule"），*Cahiers d'Etudes Africaines*,n°29,1968,第 110—122 页。

87. Bouche（D.），《1817 年至 1920 年间法属西非的教育：是推广法兰西文明的使命抑或是培养精英?》(*L'enseignement dans les territoires français de l'Afrique occidentale de 1817—1920. Mission civilisatrice ou formation d'une élite?*), Thèse pour le doctorat ès Lettres, Université de Paris I, 1974,共两卷,第 947 页（432 页 +517 页）。

88. Boulet（M.），"1848 年至 1880 年间法国农业职业教育的设置"（"La création de l'enseignement professionnel agricole en France 1848—1880"），Communication au IIIᵉ colloque annuel de l'Association Internationale pour l'Histoire de l'Education, Sèvres, 27—30 septembre 1981, 6p. ronéo。

89. Bourcart（R.），《法属西非议会》(*Le Grand Conseil de l'Afrique occidentale française*), Société des journaux et publications du Centre, Paris, 1955,第 246 页。

90. Bourdieu（P.），Passeron（J. C.），《继承人：学生与文化》(*Les héritiers. Les étudiants et la culture*), Ed. de Minuit, Paris, 1964, 189 页；édition de 1970,第 191 页。

91. Bourdieu（P.），Passeron（J. C.），《再生产：教育体系理论的

一些要素》(La reproduction. Eléments d'une histoire du système d'enseignement), éd. de Minuit, Paris, 1970, 第284页。

92. Bourgeau (J.), "对锡内萨隆地区色雷尔人习俗的一些观察"("Notes sur les coutumes des Sérères du Sine-Saloum"), *Bulletin du Comité d'Etudes Historiques et Scientifiques de l'AOF*, 1933, 第1—65页。

93. Boye (Ch. J. E.),《论梅丁地区的邮政》(*Essai sur la poste de Médine*), thèse n°104, Nancy, 1880。

94. Barausch (G. E. J. B.), "论殖民研究的专业化"("Pour des études coloniales spécialisées"), 载于 *Supplément au Bulletin de l'Association des Anciens Etudiants de l'Université coloniale de Belgique*, janvier 1946, 第1—8页。

95. Brévié (gouv. génér. J.),《殖民总督布热维尔议会会议开幕致辞》(*Discours à l'ouverture de la session du Conseil de Gouvernement*), Imprimerie du Gouvernement général, Gorée, s. d., 第7页。

96. Brévié (gouv. génér.),《殖民总督布热维尔的三份研究》(*Trois études du M. le gouverneur général Brévié*), Imprimerie du gouverner général, Gorée, 1936, 第44页。

97. Brunschwig (H.),《论法国殖民》(*La colonisation française*), Calmann-Lévy, Paris, 1949, 第302页。

98. Brunschwig (H.),《1871年至1914年法国殖民帝国主义的迷思及现实》(*Mythes et réalités de l'impérialisme colonial français, 1871—1914*), A. Colin, Paris, 1960, 第206页。

99. Brunschwig (H.),《法属西非的黑人和白人：被殖民者如何成为殖民者》(*Noirs et Blancs dans l'Afrique noire française ou comment le colonisé devient colonisateur*), Flammarion, Paris, 1983, 第247页。

100. Bulletin de l'Agence Générale des Colonies,"1927年至1928年的法属西非教育状况报告"("L'enseignement en AOF, Rapport statistique pour l'année 1927—1928"),载于 Bull. de l'Ag. Gébérdes Col., juillet 1929, n°246, 第771—779页。

101. Burdeau (G.)(s. la dir. de),《法兰西第四共和国的制度》(Les institutions de la IVème République), La Documentation Française, Série Documents d'études, n°10, octobre 1970。

102. Burdeau (G.)(s. la dir. de), "法国宪法"("Constitution française"), Documents d'études, série "Droit constitutionnel et Institutions politique", n°I. 04, La Documentation Française, Paris, juin 1976, 32页。

103. Busia (Dr Koffi), "黄金海岸当地精英的盼望和现状"("La situation et les aspirations actuelles des élites de la Côte-de-l'Or"), Bulletin International des Sciences Sociales, vol. VIII, n°3, 第432—438页。

C

104. C. C. T. A. (éd.),《1957年非洲工业、商业和农业教育会议》(Conférence interafricaine sur l'enseignement industriel, commercial et agricole, 2e réunion, Luanda 1957), Londres, 1958, 第124页。

105. C. I. N. A. M., SERESA, Comité d'Etudes Economiques de la Présidence du Conseil du Sénégal,《塞内加尔发展前景报告》(Rapport sur les perspecives de développement du Sénégal), Rapport général, Dakar, juillet 1960。

106. Cabral (Amilcar),《统一与抗争。卷一、理论的武器》(Unité et lutte. I. L'arme de la théorie), Maspéro, Paris, 1975, 第360页。

107. Cairns (Macalister C.),"法国殖民小说中的非洲殖民社会"

("The African Colonial Society in French Colonial Novels"),载于 *Cahiers d'Etudes Africaines*, n°34, vol. IX, 1969, 第175—193页。

108. Calvet (J. L.),《语言学与殖民:论语言灭亡》(*Linguistique et colonialisme. Petit traité de glottophagie*), Payot, Paris, 1974, 第250页。

109. Camerlynck (G. H.), "海外属地的基础性教育:政治、经济、技术性和财政问题"("L'éducation de base dans les territoires d'outre-mer. Problème politique, économique, technique et financier"), *Education africaine*, série "Education de base", Dakar, n°1, 1953, 第27页。

110. Campion-Vincent (V.), "塞内加尔的教育体系和社会流动性"("Système d'enseignement et mobilité sociale au Sénégal"), *Revue française de sociologie*, XI, 1970, 第164—178页。

111. Canale (J.),"西非的教育问题"("Problèmes de l'enseignement en AOF"), *La pensée*, n°29, mars-avril 1950, 第35—52页(该文受到Quezzin Coulibaly "论黑非洲的教育" 一文的启发)。

112. Canu (H.),《殖民集会》(*La pétaudière coloniale*), Chamuel, Paris, 1935, 第280页。

113. Capelle (Recteur J.), "为《非洲教育》杂志而作的前言"[Présentation (du bulletin Education Africaine, nouvelle série)], *Education Africaine*, n. s., n°1, 1949, 第3—5页。

114. Capelle (J.), "法属西非学生的去向"("L'orientation des élèves en AOF", circulaire du recteur de l'Académie de l'AOF n°2446 du 2 mai 1949。

115. Capelle (Recteur J.), "法属西非的教育"("L'enseignement en AOF"), *Avenirs*, 1950。

116. Capelle (J.),《对非洲青年承诺的一些反思》(*Réflexion sur la*

promotion de la jeunesse africaine), Dakar, 16 déc. 1956, 30 页。

117. Carde (gouv. général de l'AOF), "殖民总督卡尔德对法属西非教育架构的重组"("La réorganisation de l'enseignement en AOF"),载于 *Revue Indigène*, n°185—186, mai-juin, 1924, 第 111—129 页。

118. Carde (gouv. génér. J.),《殖民总督卡尔德在议会开幕式上的致辞》(*Gouverneur général de l'A. O. F. Carde, Discours à l'ouverture de la session du Conseil du Gouvernement*), décembre 1926, Gorée, Imprimerie du Gouvernement général, 第 52 页。

119. Carnoy (M.),《作为一种文化帝国主义的教育》(*Education as Cultural Imperialism*), David McKay, New York, 1974, 第 378 页。

120. Césaire (A.), "文化与殖民"("Culture et colonisation"), *Présence Africaine*, n°8—9—10, n°spécial, juin-nov. 1956, 第 190—205。

121. Chaffard (G.),《去殖民化的私人日记》(*Les carnets secrets de la décolonisation*), Calmann-Lévy, 卷一(1965), 346 页;卷二(1967), 第 439 页。

122. Chailley (Chef de Bataillon), "非洲国家的基础性教育"("L'éducation de base en pays africain"), conférence prononcée au Centre Militaire d'Information et de Spécialisation sur l'Outre-Mer, Paris, s. d., 第 23 页。

123. Chailley (M.),《1638—1959 年法属西非史》(*Histoire de l'AOF, 1638—1959*), éd. Berger-Levrault, Paris, 1968, 第 582 页。

124. Cailley-Bert (J.),《教育与殖民地》(*L'éducation et les colonies*), A. Colin et Cie., Paris, s. d. (1898), 第 61 页。

125. Cailley-Bert (J.),《殖民政策的十年》(*Dix années de politique coloniale*), Armand Colin, Paris, 1902, 第 308 页。

126. Chailleyre（F.），"法属刚果的当地教育"（"L'enseignement des indigènes du Congo français"），*Pages Libres*，n°283，2 juin 1906，第 557—570 页。

127. Charney（J.-P.），《战略的演变》（*Evolution des doctrines stratégiques*），Recueil de six études parues dans *Stratégies* de 1964 à 1966，n° 1 à 6.

第一篇《战略演变的理论》（*Théorie pour une évolution des doctrines stratégiques*），1964，第 35 页。

第二篇《工业时代前对"大战"的阐释及其顶峰》（*Elaboration et Apogée de la Grande Guerre avant l'ère industrielle*），1964，第 28 页。

第三篇《"德国大战"的兴起》（*Apparition de la "Guerre Allemande"*），1965，第 14 页。

第四篇《工业时代初期对"大战"的理论化》（*La "théorisation" de la "Grande Guerre" au début de l'ère industrielle*），1965，第 28 页。

第五篇《对战略演变理论的哲学思考》（*Réflexion philosophique sur l'évolution des doctrines stratégiques*），1965，第 15 页。

第六篇《论战略的作用：否定及理由》（*Sur la fonction stratégique: négation et raison*），1966，第 27 页。

128. Charnay（J. P.），《战略的一般理论》（*Une théorie générale de la stratégie*），Recueil de cinq études parues dans *Stratégies*，n°7 à 11 de 1966 à 1968。

第一篇《论战略模式：制约与反应》（*Sur le mode stratégique: contrainte et suscitation*），1966，第 23 页。

第二篇《解放抗争》（*Les luttes émancipatrices*），1967，第 32 页。

第五篇《战略部署》（*Déploiement sémantique de la stratégie*），1968，

29 页。

第六篇《法国学生抗议的社会及文化根源》(Genèse socio-culturelle de la révolte étudiante en France), 1968, 第 37 页。

129. Charnay (J. P.),《论战略》(Essai général de stratégie), Edit. Champs Libres (Paris), 1973, 第 219 页。

130. Charpy (J.),《达卡的建立》(La fondation de Dakar), Larose, Paris, 1958, 第 597 页。

131. Charton (A.),"技术教育的报告"("Rapport sur l'enseignement technique"), Congrès intercolonial organisé à l'occasion de l'Exposition intercoloniale, Marseille, 1931。

132. Charton (A.),"法属西非教育的社会角色"("Rôle social de l'enseignement en A. O. F."), Outre-Mer, 2e trim., 1934, 第 188—202 页。

133. Charton (A.),"法兰西文化与非洲文化"("Culture françaie et culture africaine"), Chroniques d'Outre-Mer, n°41, janvier 1958, 第 15—16 页。

134. Chauvet (gouv. génér.),"殖民总督寿维有关殖民与欠发达的讲话"("Colonisation et sous-développement"),载于 Revue des Deux Mondes, n°13 et 14 du 1er et du 15 juillet 1963, 第 66—76 页, 第 221—230 页。

135. Chauvière (E.),《初级殖民教育》(L'enseignement colonial élémentaire à l'étranger), Imprimerie Dupont, Paris, 1905, 第 405 页;préface de l'ouvrage de A. Mercier。

136. Chemain-Degrange (A.),《妇女解放与非洲小说》(Emancipation féminine et roman africain), N. E. A., Dakar, 1980, 第 360 页。

137. Chevalier（L.）,《19 世纪上半叶巴黎的劳动阶层和危险阶层》(*Classes laborieuses et classes dangereuses à Paris pendant la première moitié du XIXe s.*), Plon, Paris, 1958, 第 XXVII—577 页。

138. Cheverny（J.）,《对殖民的礼赞：论亚洲革命》(*Eloge du colonisalisme. Essai sur les révolutions d'Asie*), Julliard, Paris, 1961, 第 378 页。

139. Chivas-Baron（Clothilde）,《殖民地的法国女性》(*La femme française aux colonies*), Larousse, Paris, 1929, 第 190 页。

140. Chroniques d'Outre-Mer, "殖民地高级专员梅斯默考察达卡大学"（"Le Haut Commissaire Messmer visite l'Université de Dakar"）, n°51, déc. 1958。

141. Church（Clive H.）,《革命与繁冗规章：法国各部门的官僚制度》[*Revolution and red tape: The French Ministeriel Bureaucracy (1770—1850)*], Clarenton Press, 1981, 第 XI—425 页。

142. Clapier-Valladon（S.）,《法国海外属地的医生》(*Les médecins français d'outre-mer. Etude psychologiques du retour des migrants*), thèse de doctorat ès Lettres, Université de Nice, 1977（Centre de Reproduction des thèses, Lille, 1980）, 2 vol., 第 994 页（546 页 + 498 页）。

143. Clary（H.）,《一部女殖民者的小说》(*Le roman d'une coloniale*), Grasset, Paris, 1911, 第 313 页。

144. Cocatre-Zilgien（A.）, "论技术教育在培养干部中的角色"（"Du rôle de l'enseignement technique dans la formation des cadres"）, *Annales Africaines*, Dakar, 1962, n°2, 第 486—500 页。

145. Cocatre-Zilgien（A.）, "论达卡大学在培养中高层干部的角色"（"De la contribution apportée par l'Université de Dakar à la formation des cadres moyens et supérieurs"）, 载于 *Annales Africaines*, 1962, n°2, 第

501—520 页。

146. Cohen（W. B.），《法国海外属地及殖民学校的行政史》(*Empereurs sans sceptre. Histoire des administrateurs de la France d'outre-mer et de l'Ecole coloniale*), trad. de l'anglais Louis Lesseps et Camille Garnier, préf. Hubert Deschamps, Berger-Levrault, Paris, 1973, 第 304 页。

147. Collin（R.），《教育体系和社会巨变：塞内加尔教育情况的连续与断裂》(*Système d'éducation et mutations socials. Continuité et discontinuité dans les dynamiques socio-éducatives: le cas du Sénégal*), thèse pour le doctorat d'Etat ès letters et sciencs Humaines, Univ. Paris V. Centre de reproduction de thèses de Lille, 2 vol., 第 997 页。

148. Colot（A.），"对达卡及其城镇开学期间的观察"（"Note sur l'entrée à l'école dans l'agglomération dakaroise"）, vol. 1, n°1, 1965。

149. Comité Coordination des Syndicats de l'Enseignement public en AOF,"对 1956 年 6 月 23 号法律框架的决议"["Résolution（au sujet de la Loi-cadre du 23 juin 1956)"], *L'unité*（organe central du BPS）, n° 10, 25 mai 1957。

150. Comte（G.），"法属非洲的教育危机"（"Crise de l'enseignement en Afrique francophone"）, *Revue Française d'Etudes Politiques Africaines*, n°43, juillet 1969, 第 85—91 页。

151. Commissariat général à la famille,《家庭面前的大学》(*L'université devant la famille*), éd. de l'Office de publicité générale, Paris, 1942。

152. Compere（M. M.），《从学院到中学：1500 年至 1800 年间法国中等教育的演变》[*Du collège au lycée*（*1500—1800*）*. Généalogie de l'enseignement secondaire français*], Gallimard-Julliard, Paris, 1985, 第 285 页。

153. *Conférence africaine française de Brazzaville*（《1944 年布拉柴维尔法属非洲会议》），30 janvier 1944—1948 février 1944，Ministère des colonies，Paris，1945，第 135 页。

154. Congrès intercolonial de l'Enseignement dans les colonies et les pays d'outre-mer（25—27 septembre 1931），《1931 年国际殖民大会的会议概要》(*Adaptation de l'Enseignement dans les colonies. Rapports et comptes-rendus*)，préface de Paul Crouzet，H. Didier，Paris，1932，第 VII-312 页。

155. Congrès intercolonial de l'enseignement technique d'Outre-Mer（29—30 sept）（海外属地技术教育大会），《会议概要》(*Rapports et compte-rendus*)，Association Colonies-Sciences，Paris，1932，第 XX—184 页（Exposition coloniale internationale de Paris）。

156. 《1937 年国际殖民地文化变迁大会的会议（巴黎国际殖民展览会）概要》。[Congrès international de l'évolution culturelle des peuples coloniaux（Paris，26—28 septembre 1937）：*Rapports et comptes-rendus*，Protat Frères Imprimeurs，Macon，1938，226p.（Exposition internationale de Paris，1937）]

157. Conseil Scientifique pour l'Afrique au Sud du Sahara（撒哈拉以南非洲学术委员会），*Réunion des spécialistes C. S. A. sur l'adaptation de l'Enseignement aux conditions africaines*，Lagos，23—28 mai 1960。Contribution à l'Année mondiale de la Santé mentale. Recommandations. Londres，C. C. T. A. ，Londres，s. d. ，30 页。

158. Coquery-Vidrovitch（C.），"非洲和 1930 年的危机：1924—1938"（"L'Afrique et la crise de 1930：1924—1938"），*Revue française d'Histoire d'Outre-Mer*，t. LXIII，n°232—233，1976，第 409 页。

159. Coquery-Vidrovitch（C.），Moniot（H.），《从 1800 年至今的黑

非洲》(*L'Afrique noire de 1800 à nos jours*), P. U. F., Paris, 1974, 第 463 页。

160. Cornevin (N.), "文化和教育方面的合作"("Coopération en matière culturelle et enseignement"), Conférence prononcée au CMISOM (Centre Militaire d'Information et de Spécialisation pour l'Outre-Mer-Section Documentation) s. l. (Paris?) s. d. (1961?); 第 18 页。

161. Cornevin (R.), "穆萨修道院长或当塞内加尔和海地合作" ["L'abbé Moussa (1815—1860) ou lorsque le Sénégal coopérait avec Haïti"], *Afrique littéraire et artistitque*, n°40, 第 49—55 页。

162. Coulibaly (O.), "论黑非洲的教育"("L'enseignement en Afrique noire"), *Europe*, n°41—42, mai-juin 1949, 第 56—70 页。

163. Coulon (C.), 《塞内加尔穆斯林隐士的权力和政治权力》(*Pouvoir maraboutique et pouvoir politique au Sénégal*), Thèse pour le doctorat d'Etat en sciences politiques, Institut d'Etudes Politiques de Paris, 1977, 第 594 页, roneote。

164. Courcel (G. de), 《1885 年柏林会议对国际殖民法的影响》(*L'influence de la Conférence de Berlin 1885 sur le Droit colonial international*), Paris, 1936。

165. Courcelle-Seneuil (Jean-Gustave), 《对法国道德教育的几点观察》. (*Note sur l'enseignement de la morale en France*), éd. Guillaumin, Paris, 1889, 第 39 页。

166. Cros (Ch.), 《布莱思·迪安的意见》(*La parole est à M. Blaise Diagne*), éd. Maison du Livre, 1972, 第 143 页。

167. Crouzet (P.), 《教师与父母：对学校、中学与家庭间合作的研究》(*Maîtres et parents: étude et enquête sur la coopération de l'école et du*

lycée avec la famille), A. Colin, Paris, 1906。

168. Crouzet (P.), "一战以来殖民地的教育"("L'enseignement dans les colonies depuis la guerre"), *Revue Universitaire*, 33e année, n°4, 15 avril 1924, 第289—304页。

169. Crowder (M.),《塞内加尔：对法国同化政策的研究》(*Sénégal, A study of French Assimilation Policy*), Oxford University Press, Oxford, 1962。

170. Crowder (M.), Friedberg (Er.),《行动者与体系》(*L'Acteur et le Système*), éd. du Seuil, Paris, 1977, 第448页（réed. coll. "Points", 1981, 第445页)。

171. Cruise (O'Brien),《论塞内加尔的苏菲穆利派：一个伊斯兰教团的政治与经济组织》(*The Mourides of Senegal. The Political and Economic Organization of an Islamic Brotherhood*), Oxford, University Press, Oxford, 1971, 第321页。

D

172. Dadie (B. B.), "黑非洲的教育问题及其困境"("Problèmes de l'enseignement en Afrique noire, Misère de l'enseignement en AOF", *Présence Africaine*, n°11, décembre 1956-janvier 1957, 第57—70页。

173. Davesne (A.), "对法属西非教育进行调整的报告"("Rapport sur l'Adaptation de l'enseignement en AOF"), 载于 *Rapport et compte-rendu du Congrès intercolonial de l'Enseignement dans les colonies et les pays d'outre-mer*, 25—27 septembre 1931。

174. Davesne (A.),《马马都与比内塔都流利读写法语：法语课本及其在非洲学校的应用》(*Mamadou et Bineta lisent et écrivent couram-*

ment: *livre de français et l'usage des écoles africaines*), Istra, Paris/Strasbourg, 1933, 第 184 页。

175. Davesne（A.），《马马都与比内塔的新课纲》(*Nouveau Syllabaire de Mamadou et Bineta*), Istra, Paris, 1950, 第 89 页。

176. Davesne（A.）, Gouin（J.）,《马马都与比内塔都长大了》(*Mamadou et Bineta sont devenus grands — Livre de français à l'usage des cours moyens et supérieurs de l'Afrique noire*), Istra, Paris-Strasbourg, s. d. (1939), 第 439 页。

177. Debayle（J.），"论非洲的教育"（"L'enseignement en Afrique"）, Conférence prononcée au CMISOM, Section Documentation, 1er trimestre 1960, 第 19 页。

178. Defrance（M. M.），《针对男童教育实践的女童心理研究》(*La psychologie des filles pour l'instruction des garçons*), Editions Familiales de France, Paris, 第 80 页。

179. Deherain（H.），《巴黎对研究和教授东方学的设置》(*Les établissements d'enseignement et de la recherche de l'Orientalisme à Paris*), Société de l'Enseignement supérieur, Paris, 1939, 第 40 页。

180. Delavignette（R.），《非洲管理机构》(*Service Africain*), Gallimard, Paris, 1946, 第 140 页。

181. Delavignette（R.），《好好利用去殖民化》(*Du bon usage de la décolonisation*), Casterman, Paris, 1968, 第 120 页。

182. Delavignette（R.）, Julien（Ch. -A.），《法国海外属地的建设者》. (*Les constructeurs de la F. O. M.*), P. U. F., Paris, 1946。

183. Deme（K.），"塞内加尔殖民前的社会阶层"（"Les classes sociales dans le Sénégal précolonial"）, *La Pensée*, n° 130, 1966, 第

11—31。

184. Deschamps（H.），《殖民的方法与理论》(*Méthodes et doctrines coloniales de la France*)，A. Colin, Paris, 1953, 第 222 页。

185. Destut-Tracy（L. C.），《对当前公共教育体系的一些观察》(*Observations sur le système actuel d'instruction publique*)，Panckoucke, Paris, an IX, 第 80 页。

186. Dia（Mamadou），"议会发言大纲"（"Discours-programme du Conseil de Gouvernement"），*L'Unité*, organe central du BPS, n°10, samedi 25 mai 1957。

187. Dia（Mamadou），《一位第三世界斗士的回忆录》(*Mémoire d'un militant du Tiers-Monde*)，Publisud, Paris, 1985, 第 247 页。

188. Diagne（P.），《西非的传统政治权力》(*Pouvoir politique traditionnel en Afrique occidentale*)，Présence Africaine, Paris, 1967, 第 295 页。

189. Diallo（Ch. Am.），"论塞内加尔的私立教育"（"Contribution à une étude de l'enseignement privé au Sénégal"），*Le mois en Afrique. Revue française d'études politiques africaines*, n°76, avril 1972, 第 34—48 页。

190. Dieng（François, ministre de l'Education nationale），"法国教育部长对开学的发言"（"Message de la rentrée scolaire"），*L'Unité*, organe central du BPS, n°66, mardi 25 octobre 1960。

191. Diop（Abdoulaya Bara），《沃洛夫社会》(*La société wolof: tradition et changement*)，国家艺术和人文博士论文，Univ. de Paris V, 1979, 2vol., 第 786 页（该论文于 1979 年答辩，该书为其博士论文的大部分, Edition Kartala, Paris, 1983, 第 355 页）。

191（2）. Desalmand（P.），《科特迪瓦教育史：起源于布拉柴维尔会议》(*Histoire de l'éducation en Côte d'Ivoire. Des origines à la conférence de Brazzaville*），CEDA，Abidjan，1983，483 页。

192. Diop（Alioune），"一位黑人小学生的故事"（"Histoire d'un écolier noir"），*L'Education africaine*，n°76，juillet-septembre 1931，第 25—29 页。

193. Diop（Alioune），"殖民主义与文化民族主义"（"Colonialisme et nationalisme culturel"），*Présence Africaine*，oct. -nov. 1955。

194. Diop（A. B.），《1920 年以前法国的卫生政策》(*La politique sanitaire de la France jusqu'en* 1920)，thèse pour le Doctorat de 3ᵉ cycle，Univ. de Paris X，1982。

195. Diop（Birago），《回忆录》(*Mémoires*)，共三卷，第一卷《加长的笔》(*La plume raboutée*)，Présence Africaine，N. E. A.，Paris，Dakar，1978，第 255 页。

196. Diop（A. S.），"论在非洲设置一个家长学校的可行性"（"Pour la création d'une école des parents en Afrique"），*L'Unité*，organe central du BPS，n°47，sam. 28 mai 1960。

197. Diop（Majhemout），《西非社会阶层史》(*Histoire des classes sociales dans l'Afrique de l'ouest*)，共两卷，第二卷《塞内加尔》(*Le Sénégal*)，Maspero，Paris，1972，第 288 页。

197（2）. Diop（Majhemout），《论黑非洲的政治问题》(*Contribution à l'étude des problèmes politiques en Afrique noire*)，Présence africaine，Paris，1958，第 271 页。

198. Diop（Ousmane Socé），《巴黎海市蜃楼》(*Mirages de Paris*)，（Roman），Nouvelle Editions Latines，Paris，1937，第 187 页。

199. Documentation Française（La），《塞内加尔共和国》(*La République du Sénégal*)，载于 *Notes et Etudes Documentaires*，22 février

1961，n°2，754，第 48 页。

200. Documentation Française (La),《论法国高等教育史》(*Sur l'histoire de l'enseignement supérieur en France*), *Notes et Etudes Documentaires*, n°236, 第 15 页。

201. Documentation Française (La),《法国海外属地政治制度的最新演变》(*L'évolution récente des institutions politiques dans les territoires d'outre-mer et territoires associés*), N. E. D., n°1, 847, 11 mars 1954, 第 41 页。

202. Documentation Française (La),《非洲当地人》(*L'indigénat africain*), *Notes Documentaires et Etudes*, n°290, série F. O. M. -VIII, 第 6 页。

203. Dousset (Roseline),《殖民及其矛盾：论新卡利多尼亚反抗的社会历史原因》(*Colonialisme et contradictions. Etudes sur les causes socio-historiques de l'insurrection de 1878 en Nouvelle Calédonie*), La Haye, Paris, 1970, 第 209 页。

204. Doutreloux (A.), "殖民的神话与现实" ("Mythes et réalité du colonialisme"), *Genève-Afrique*, vol. IV, n°1, 1965, 第 7—34 页。

205. Dresch (J.), "论黑非洲的投资" ("Les investissements en Afrique noire"), *Présence Africaine*, n°13, 1952, 第 232—241 页。

206. Durel (Petrus),《论殖民地的女性：从生理、历史和社会角度分析当地风俗》(*La femme dans les colonies. Etude sur les moeurs au point de vue biologique, historique et social*), Pinabourde, Paris, 第 200 页。

207. Durkheim (E.), "教育与社会学" ("Pédagogie et sociologie"), *Revue de Métaphysique et Morale*, n°1, janvier 1903 (11e année), 第 37—54。

208. Durkheim（E.）,《教育与社会学》(*Education et sociologie*), P. U. F., Paris, 1973, 第 130 页（1re éd. 1922）。

209. Duveau（R. Ministre FOM）,"法国海外属地部长在 1954 年第五届海外教育大会开幕式的致辞"["Discours inaugural de la Vème conférence de l'enseignement outre-mer（15 semptembre 1954）"], *Chroniques d'outre-mer*, n°9 oct. 1954。

E

210. Earle（E. M.）（s. la dir. de）,《战略大师》(*Les maîtres de la stratégie*), préf. Raymond Aron, trad. de l'américain par Annick Pelissier, Flammarion, Paris, 1980; I: *De la Renaissance à la fin du XIXe siècle*, 1987, 第 349 页。

211. Erhard（J.）,《殖民主义的命数》(*Le destin du colonialisme*), 2e éd. Eyrolles, Paris, 1958, 第 237 页。

212. Erny（P.）,《黑非洲传统观念中的儿童》(*L'enfant dans la pensée traditionnelle de l'Afrique noire*), Le Livre africain, Paris, 1968, 第 200 页。

213. Erny（P.）,《黑非洲的儿童及其出身》(*L'enfant et son milieu en Afrique noire*), Payot, Paris, 1972, 第 310 页。

214. Erny（P.）,《有关教育的人种学》(*Ethnologie de l'éducation*), P. U. F., Paris, 1981, 第 204 页。

215. Etoile de l'Afrique Occidentale（Loge）,"论黑非洲的宗教政策"（"Essai de politique religieuse en Afrique noire"）,（Grand Orient de France）, Dakar, s. d., 第 47 页。

F

216. Faidherbe（Le Général）,《塞内加尔：法国在西非的存在》(*Le Sénégal, la France dans l'Afrique occidentale*), Hachette, Paris, 1889, 第 503 页。

217. Fanoudh-Siefer N'Dri（Léon）,《1800 年至二战期间法国文学中对黑人及黑非洲的迷思》[*Le mythe du Nègre et de l'Afrique noire dans la littéraçture française（de 1800 à la Deuxième Guerre Mondiale）*], Klincksieck, Paris, 1968, 第 212 页。

218. Faublee（J.）,"祖传习俗及其演变"（"Les coutumes ancestrales et leur adaptation à l'évolution"）, *Genève-Afrique*, Acta Africana, vol. IV, n°1, 1965。

219. Favitcki et Probobysk, 《近百年法国军事、殖民作品标题汇总》(*Répertoire bibliographique de la littérature militaire et coloniale française depuis cent ans*), Larose, Paris, 1932, 第 192 页。

220. Ferrandi（J.）,《殖民长官》(*L'officier colonial*), Larose, Paris, 1932, 第 192 页。

221. Ferre（A.）,《教师的职业道德：师范学校的课纲》(*Morale professionelle de l'instituteur. Programmes des écoles normales*), S. U. D. E. L., Paris, 1946, 第 220 页。

222. Fofana（A.）, Terrisse（A.）,《公民教育》(*L'éducation civique*), Nathan, Paris, 1963, 第 127 页。

223. Folliet（J.）,《殖民的权利：对社会道德及国际道德的研究》(*Le droit de colonisation. Etude de morale sociale et internationale*), s. l. n. d.（Bloud et Gay, Paris, 1933）（thèse de philosphie scolastique de l'Institut Catholique de Paris）。

224. Folliet（J.）,《殖民地中的强制劳动》(*Le travail forcé aux colo-*

nies），éd. du Cerf，（1936）。

225. Folliet（J.），"从殖民到人类共同体"（"De la colonisation à la communauté humaine"），*Semaine sociale de france*，Lyon，1948。

226. Foltz（William F.），《从法属西非到马里联盟》（*From French West Africa to the Mali Federation*），Yale University Press，New Haven and London，1965，XIX，第237页。

227. Foncin（P.），《塞内加尔和苏丹的法国学校》（*Les écoles françaises du Sénégal et du Soudan*），A. Colin et Cie，Paris，1890，第20页（extrait de la Revue internationale de l'Enseignement du 15 avril 1890）。

228. Fontanier（H.），"法属西非的技术教育基础课纲"（"Les bases du programme de l'enseignement technique en AOF"），*Annales Coloniales*，juillet 1932。

229. Fougeyrollas（P.），《社会科学中的知识和意识形态》（*Savoirs et idéologie dans les sciences sociales*），Pyaot，Paris，共两卷；第一卷《马克思主义与社会科学》（*Marxisme et sciences sociales*），1979，第271页；第二卷《当代社会进程》（*Les processus sociaux contemporains*），1980，第300页。

230. Fougeyrollas（P.），"非洲的知识分子和未来"（"Les intellectuels et l'avenir de l'Afrique"），载于 *Présence Africaine 1947—1967*，*Mélanges. Réflexions d'hommes de culture*，Présence Africaine，Paris，1969，第385—400页。

231. Fougeyrollas（P.），《塞内加尔路往何方?》（*Où va le Sénégal? Analyse spectale d'une nation africaine*），Anthropos，IFAN.，Paris，1970。

232. Fougeyrollas（P.），《塞内加尔的成人教育》（*L'éducation des adultes au Sénégal*），UNESCO，Institut International de la Planification de l'Education，Paris，1967，第46页。

233. Froideveaux（H.）,《论法国在殖民地的教育设置》(*L'œuvre scolaire de la France aux colonies*), A. Challamel édition, Paris, 1900, 第210页。

234. Froideveaux（H.）et Tantet（V.）,《1900年巴黎世博会上的法国殖民地》(*Exposition universelle de 1900. Les colonies françaises*) 中第四卷收录的《我们殖民地中的法国教育部署》(*L'œuvre scolaire de la France dans nos colonies*), par H. Froideveaux, 以及《殖民地失去了, 法兰西精神犹在》(*Survivances de l'esprit français aux colonies perdues*), par V. Tantet, A. Challamel édition, Paris, 1900, 第356页。

G

235. Gal（R.）,《教育史》(*Histoire de l'Education*), P. U. F., coll. "Que sais-je?", n°310, 8ᵉ édit. Paris, 第136页。

236. Gaston（G.）, "海外属地学生的心理"（"Psychologie des étudiants d'outre-mer"）, Conférence donnée au Centre Militaire d'Information et de Spécialisation pour l'Outre-Mer, Paris, s. d., 第19页, ronéo。

237. Gaucher（J.）,《法语非洲教育的起步：让·达尔与圣路易互助学校》(*Les débuts de l'enseignement en Afrique francophone. Jean Dard et l'Ecole mutuelle de Saint-Louis du Sénégal*), préf. de Amadou Makhtar MBow, Le livre africain, Paris, 1968, 第199页。

238. Gauthier（H.）, "1931年在国际殖民大会上对殖民地和海外属地教育的讲话"（"Discours prononcé à l'occassion du Congrès intercolonial sur l'Enseignement dans les colonies et les pays d'outre-mer 25—27 sept. 1931"）, 载于 *Compte-rendu du congrès*, préf. de P. Crouzet, Paris, 1932, 第291—293页。

239. Gerard（Cl.），《国家独立的先锋》(*Les pionniers de l'indépendance*)，Edition inter-continents, Paris, 1975，第 196 页。

240. Gerbod（P.），"论 1806 年至 1906 年间天主教对法国教育政策制定的影响"（"De l'influence du catholicisme sur les stratégies éducatives des régimes politiques français de 1806 à 1906"），Communication donnée au IIIe colloque de l'Association Internationale pour l'Histoire de l'Education, Sèvres 27—30 sept. 1981，第 17 页，ronéo。

241. Gilchrist（H.），"旧金山会议上的殖民问题"（"Colonial Questions at the San Francisco Conference"），*American Political Science Review*, vol. XXXIX, n°5, octobre 1945，第 982—992 页。

242. Gineste（R.），"塞内加尔的教育起步：让·达尔的功绩"（"Les débuts de l'enseignement au Sénégal: l'œuvre de Jean Dard"），载于 *Mondes de Cultures*, Académie des Sciences d'Outre-mer, t. XXLI, n°3, 1983，第 439—453 页。

243. Giran（P.），《论对种族的教育：一个殖民社会学研究》(*De l'éducation des races. Etude de sociologie coloniale*)，A. Challamel éd. Paris, 1913，第 VIII—328 页。

244. Girardet（R.），《1871 年至 1962 年间法国的殖民观》(*L'idée coloniale en France de 1871—1962*)，Livre de poche, Paris Colloection Pluriel, 1979，第 506 页（1ère éd. La Table Ronde, 1972，第 338 页）。

245. Giri（J.），《困境中的非洲：25 年的所谓"发展"》(*L'Afrique en panne. Vingt-cinq ans de "développement"*)，Karthala, Paris, 1986，第 205 页。

246. Goffri（K.），"论孩子如何学习法语"（"Comment les petits acquièrent le français"）Enquête sur la promotion sortante de l'Ecole Wil-

liam-Ponty 1944—1945), *Education Africaine*, n°109—110, 1944—1945, 第 17—21 页。

247. Gonidec (P.),《1946 年之后海外属地的演变》(*L'évolution des territoires d'outre-mer depuis* 1946), Librairie de Droit et de Jurisprudence, Paris, 1958, 第 126 页。

248. Gonidec (P.),《海外属地的工作权》(*Droit du travail des territoires d'outre-mer*, Librairie de Droit et de Jurisprudence), Paris, 1958, 第 750 页。

249. Gouet (Y.), "法兰西殖民帝国的法理本质" ("La nature juridique de l'Empire colonial française"), *Annales de Droit et Science Sociales*, 1934。

250. Gouilly (A.),《法属西非的伊斯兰》(*L'Islam dans l'Afrique occidentale française*), Larose, Paris, 1952, 第 318 页。

251. Gouvernement Général de l'AOF,《塞内加尔》(*Le Sénégal*)(法属西非政府为 1922 年马赛全国殖民博览会编写的册子), Imprimerie coopérative Barrier et Cie, Montauban, 1922, 第 37 页。

252. Gras (A.),《教育社会学：基础文本》(*Sociologie de l'éducation. Textes fondamentaux*), Larousse, Paris, 1974, 第 384 页。

253. Gravand (A.),《教会的非洲面孔》(*Visage africain de l'Eglise*), Orante, Paris, 1961, 第 288 页。

254. Grenfeill Williams (J.),《欠发达地区的电台与基础性教育》(*La radio et l'éducation de base dans les régions insuffisamment développées*), UNESCO, Paris, 1950, 第 164 页。

255. Groshens (J. C.), Ardent (P.), "新近独立国家的高等教育与高级干部的培养" ("L'enseignement supérieur et la formation des cadres

supérieurs dans les Etats nouvellement indépendants"）, *Annales Africaines*, 1962, n°2, 第 529—534 页。

256. Guernier（E.）,《文明与教育理论》(*Civilisations et doctrines d'enseignement*), Alcan, Paris, 1936, 第 38 页。

257. Guernier（E.）（s. la dir. de）,《法属西非》(*Afrique occidentale française*), coll. "Encyclopédie coloniale et maritime", Encyclopédie coloniale et maritime, Paris, 1949, 第 390 页。

258. Guernier（E.）,《非洲对人类思想的贡献》(*L'apport de l'Afrique à la pensée humaine*), Payot, Paris, 1952, 第 246 页。

259. Gueye（Lamine）,《非洲的历程》(*Itinéraire africain*), Présence Africaine, Paris, 1966, 第 244 页。

260. Gueye（M'B）, "1848 年圣路易和果雷地区对奴隶制的终结" （"La fin de l'esclavage à Saint-Louis et à Gorée en 1848"）, *Bulletin de l'IFAN*, t. 28, série B. 1966, 第 637—656 页。

261. Guiffray（R.）, "达卡令人担忧的教育现状" （"A Dakar, situation scolaire alarmante"）, *L'Unité*, organe central du B. P. S., n°12, samedi 29 juin 1957。

262. Guillaume（P.）,《19 世纪至 20 世纪的殖民世界》(*Le monde colonial, XIXe-XXe siècle*), A. Colin, Paris, 第 296 页。

H

263. Hallak（J.）,《学校对谁有益?》(*A qui profite l'école?*), P. U. F., Coll. "Economie en liberté", Paris, 1974, 第 262 页。

264. Hardy（G.）（s. la dir. de）,《法属西非的地理》(*Géographie de l'AOF., Livre du maître*), ouvr. coll., Editions du Bulletin de

l'Enseignement de l'AOF, oct. 1913, 80 页。

265. Hardy (G.),"威廉·庞蒂学校"("L'Ecole normale William-Ponty"), B. E. -AOF, n°21, février 1916, 第 69—78 页。

266. Hardy (G.),《当地学校的歌唱》(Le chant à l'école indigène), Edition du Bulletin de l'Enseignement de l'AOF (E. B. E. A. A. O. F.), 1916, 第 14 页。

267. Hardy (G.),《法属西非的道德征服》(Une conquête morale: l'enseignement en AOF), A. Colin, Paris, 1917, 第 354 页。

268. Hardy (G.),《两条道路：给殖民地本地年轻公务员的一些具体建议》(Les deux routes. Conseils pratiques aux jeunes fonctionnaires indigènes), éd. Bulletin de l'enseignement de l'AOF, Gorée, 1918, 第 66 页。

269. Hardy (G.),《1817 年至 1854 年塞内加尔的教育》(L'enseignement du Sénégal de 1817 à 1854), thèse complémentaire pour le doctorat ès Lettres, Université de Paris, Larose, 1920, 第 178 页。

270. Hardy (G.),《我们殖民中的大问题》(Nos grands problèmes coloniaux), A. Colin, Paris, 1929, 第 216 页。

271. Hardy (G.),《法兰西帝国中的宗教问题》(Le problème religieux dans l'Empire français), Leroux/P. U. F., Paris, 1940, 第 149 页。

272. Hardy (G.),《费尔赫布》(Faidherbe), Edition de l'Encyclopédie de l'Empire français, Paris, 1947。

273. Harmand (J.),《论统治与殖民》(Domination et colonisation), Flammarion, Paris, 1910, 第 370 页。

274. Hatzfeld (H.),《1850 年至 1940 年间从贫困化到公共福祉》[Du paupérisme à la sécurité sociale (1850—1940)], A. Colin, 1971, 第 349 页。

275. Hekking（F.），《没有行政制度，便没有法国：对法国行政机制的一些新思考》(*Point d'Administration, point de France! Nouvelle réflexion sur la mécanique administrative*), t. II, Edition de la maison française, New York, 1943, 第 179 页。

276. Henri（P.），"公共舆论与殖民问题"（"L'opinion publique et le problème colonial"），*Sondage* n°3, août, 1939, 第 11—12 页。

277. Hiram（Ben）（pseudo.），《从共济会角度看白人对有色人种的教育》(*L'éducation des peuples de couleur par les Blancs du point de vue maçonnique*), Paul Derain, Lyon, 1956, 第 83 页。

278. Hollas（B.），《非洲黑人》(*L'homme noire d'Afrique*), IFAN, Coll. "Initiations africaines", Dakar, 1951, 第 145 页。

I

279. Institut Colonial International,《国际殖民学院1931年第21次大会的会议概要》(*Compte-rendu de la XXIème session tenue à Paris les 5—6—7 et 8 mai 1931*), Etablissements Généraux d'Imprimerie, Bruxelles, 1932, 第 292 页—CLXXX。

J

280. Johnson（G. W. Jr.），《塞内加尔黑人政治的兴起：1900 年至 1920 年在"四市"地区对权力的争夺》(*The Emergency of Black Politics in Senegal. The Struggle for Power in the Four Communes 1900—1920*), Stanford University Press, Standford, 1971, 第 260 页。

281. Jore（L.），《法国在西非的机构设置》(*Les Etablissements français sur la côte occidentale de l'Afrique*), Société Française d'Histoire

d'outre-mer et G. P. Maisonneuve et Larose, Paris, 1965, 第479页。

282. Julien（Ch. -A.），《19—20世纪的殖民技术人员》(Les techniciens de la colonisation, XIXe-XXe siècles), P. U. F., Paris, 1947, 第324页。

283. Julienne（R.），《工业经济学》(Economie industrielle), Université de Paris I（I. E. D. E. S.）, Ministère de la coopération, Paris, 1974, 334 f. ronéot。

284. Jussiaume（E.），《论非洲经济》(Réflexions sur l'économie africaine), Klincksieck, Paris, 1932, 第87页。

K

285. Khayar（I. H.），《对学校的拒绝：论乍得当地穆斯林的教育状况》[Le refus de l'école: contribution à l'étude de l'éducation chez les musulmans du Ouaddaï (Tchad)], Maisonneuve, Paris, 1976, 第140页。

286. Klein（M.），《1817年至1914年间塞内加尔锡内萨隆地区的伊斯兰与帝国主义》(Islam and Imperialism in Senegal, Sine-Saloum, 1817—1914), Standford, 1968, 第285页。

287. Kone（Henri-Gabriel），《二战以来法国与西非政治力量与制度关系的演变》(L'évolution des rapports politiques et institutionnels de la France et des Etats de l'Afrique occidentale depuis la fin de la Seconde Guerre Mondiale), Mémoire I. H. E. I., Paris, 1962, 133 f。

L

288. Labouret（H.），《对西非的当地政策的探索》(A la recherche d'une politique indigène dans l'Ouest africain), Comité de l'Afrique

française, 1931, 第 128 页。

289. Labouret（H.）,《西非的农民》(*Paysans de l'Afrique occidentale*), Gallimard, Paris, 1941, 第 307 页。

290. Labouret（H.）,《殖民、殖民主义和去殖民化》(*Colonization, colonizalisme et décolonisation*), Larose, Paris, 1952, 第 205 页。

291. Lajugie（J.）,《法属西非有关经济和社会发展的投资政策》(*La politique d'investissements pour le développement économique et social en Afrique occidentale française*), Imprimerie Bière, Bordeaux, 1954, 第 22 页。

292. Lakroum（M.）,《不平等工作。30 年代经济危机时的塞内加尔雇员和农民》(*Le travail inégal. Paysans et salariés sénégalais face à la crise des années trente*), préf. C. Coquery-Vidrovitch, L'Harmattan, Paris, 1982, 第 190 页。

293. Lampue（P.）, "法国殖民地的宪法体制"（"Le régime constitutionnel des colonies françaises"）, *Annales du Droit et des Sciences Sociales*, 1934, 第 234—257 页。

294. Langley（J. A.）, "1924 年至 1936 年间巴黎的泛非主义"（"Panafricanism in Paris: 1924—1936"）, *The Journal of Modern Africain Studies*, Vol. VII, n°1, 1969, 第 69—94 页。

295. Langley（J. A.）,《1900 年至 1945 年间西非的泛非主义和民族主义》(*Panafricanism and Nationalism in West Africa 1900—1945, A Study in Ideology and Social Class*), Clarendon Press, Oxford, 1973, 第 421 页。

296. Lantoine（H.）,《法国 17 世纪的中等教育史》(*Histoire de l'enseignement secondaire en France au XVIIe siècle*), thèse pour le doctorat ès Lettres, Université de Paris, 1873—1874, E. Thorin, Paris, 1874, 第 295 页。

297. Lapassade（G.），Lourau（R.），《社会学要点》(*Clefs pour la sociologie*)，*Seghers*，*Paris*，1971，第 240 页。

298. Lapie（Gouv. P. O.），"赞成一种新的殖民政策"（"Pour une politique coloniale nouvelle"），revue politique *Renaissances*，n° spécial，oct. 1944，第 16—20 页。

299. Lapie（P. O.），"一些战略根基"（"Les bases stratégiques"），*Renaissances*，Paris，juin 1945。

300. Laroche（Carlo），"论法国海外属地的档案"（"Les archives françaises d'outre-mer"），Académie des Sciences d'outre-mer，séance du 12 mars 1966，第 122—149 页。

301. Laurentie（H.），"法国殖民政策背后哲学的要点"（"Note sur une philosophie de la politique coloniale française"），*Renaissances*，oct. 1944。

302. Le Vine（V.），"法语非洲的政治精英筛选与政治结构"（"Political Elite Recruitment and Political Structure in French Speaking Africa"），*Cahiers d'Etudes Africaines*，VIII，31，第 373—388 页。

303. Lefevre（G.），《法属西非的殖民主义：对我们殖民行政体制的辩护、阐释以及农民阶层的兴起》(*Le colonialisme d'A. O. F. Défense et illustration de notre Administration coloniale. La création d'un paysannat*)，thèse de doctorat en Droit，Université d'Aix-en-Provence，第 328 页。

304. Leme（R.），《论法属西非的教育》(*L'enseignement en Afrique occidentale française*)，Editioin crété，1906，第 82 页（该文由法属西非殖民政府在 1900 年马赛国际殖民博览会上发表）。

305. Le Than Koi（s. la dir. de），《论热带非洲的教育》(*L'enseignement en Afrique tropicale*)，P. U. F.，1971，第 463 页。

306. Le Than Koi,《对教育的比较》(*L'éducation comparée*), A. Colin, Paris, 1981, 第 315 页。

307. Le Than Koi,《教育产业》(*L'industrie de l'enseignement*), Ed. de Minuit, 1967, 第 420 页。

308. Legendre (P.),《1750 年至今的行政史》(*Histoire de l'Adminstration de 1750 à nos jours*), P. U. F., Paris, 1968, 第 580 页。

309. Leif (J.), Rustin (G.),《男女教师的职业道德》(*Morale professionnelle à l'usage des instituteurs et des institutrices*), Delagrave, Paris, 1950, 第 191 页。

310. Leon (A.), "19 世纪大众教育的热潮：条件、因素和模式" ("Les temps forts de l'éducation populaire au XIXe siécle: conditions-facteurs-modèles"), Communication au IIIè colloque de l'Association Internationale pour l'Histoire de l'Education Sèvre, 27—30 sept. 1981, 第 13 页, ronéo。

311. Leuse (H. de),《非洲与西方：相遇中的悲与喜》(*Afrique et Occident: Heurs et malheurs d'une rencontre*), Ed. l'Orante, Paris, 1971, 第 296 页。

312. Liard (L.),《法国的高等教育》(*L'enseignement supérieur en France*), A. Colin et Cie, 1888—1894, 2 vol.。

313. Liniger-Goumaz (M.), "在非洲讲授地理" ("L'enseignement de la géographie en Afrique"), 载于 *Genève-Afrique, Acta Africana*, vol. IV, n°1, 1965。

314. Loba (Aké),《科空博：一个黑人学生》(*Kocumbo, L'étudiant noir*), Flammarion, Paris, 1960, 第 267 页。

315. Lombard (J.),《黑非洲的传统权力与欧洲势力》(*Autorité tra-*

ditionnelles et pouvoirs européens en Afrique noire), Armand Colin, Fondation Nationale des Sciences Politiques, n°152, 292 页。

316. Lorraine (J.), "布拉柴维尔会议"("La Conférence de Brazzaville"), 载于政治杂志 *Renaissances*, n°spécial, oct. 1944。

317. Loucou (J. N.), "巴马科大会后非洲民主召集运动在黑非洲的开展"["L'implantation du R. D. A. (Rassemblement Démocratique Africain) en Afrique noire après le Congrès de Bamako"], *Revue de l'Institut Africain de Recherches Historiques et Politiques*, Fondation Houphouët-Boigny, Abidjan, n°7—8, oct. 1986, 第 78—99 页。

318. Lugard (F. D., Lord), "声称对殖民地享有主权的基本点"("The Basis of the Claims for Colonies"), *International Affairs*, vol. XV, 1936, 第 3—25 页。

319. Luxembourg (Rosa),《资本积累》(*L'accumulation du capital*), traduction et présentation d'Irène Petit, 2 vol., Maspéro, Paris, 1967, 第 336 + 第 306 页。

320. Ly (Abdoulaye),《论在黑非洲的贸易：1673—1696 年间的塞内加尔公司》(*L'évolution du commerce français d'Afrique noire dans le dernier quart du XVIIe siècle. La Compagnie du Sénégal de 1673 à 1696*), thèse de doctorat ès Lettres. Bordeaux. Edit. Le Lorrain, Metz, 1955, 第 XV—312 页。

321. Ly (Abdoulaye),《非洲大众与当前的状况》(*Les masses africaines et l'actuelle condition humaine*), Présence Africaine, Paris, 1956。

322. Ly (B.),《塞内加尔沃洛夫人和图库罗人的荣誉和道德价值》(*L'honneur et les valeurs morales dans les sociétés ouolof et toucouleur du Sénégal*), thèse de doctorat de 3e cycle, Univ. de Paris, 1966, 第 574 页。

323. Ly（B.），"塞内加尔沃洛夫人和图库罗人的荣耀"（"L'honneur dans les sociétés wolof et toucouleur du Sénégal"），*Présence Africaine*，1er trim. 1967，第32—67页。

M

324. Makouta-Mboukou（J. P.），《黑非洲法语教学手册》［*Le français en Afrique noire（Histoire et méthodes de l'enseignement du français en Afrique noire）*］，Bordas，Paris，Bruxelles，Montréal，1973，第240页。

325. Maran（René），《巴图拉：一部真正的黑人小说》（*Batouala：véritable roman nègre*），Albin Michel，Paris，1921，189页。

326. Marcais（Marcel），《对族群的阐释和非洲政党、领导人的立场》（*L'élaboration de la communauté et les positions des partis politiques et de leaders africains*），mémoire D. E. S. Science politique，Fac. de Droit de l'Univ. de Paris，1959，第106页。

327. Marchés Coloniaux，"达卡医学院改为大学科系"（"Transformation de l'Ecole de Médecine de Dakar en faculté"），n°222，Samedi 11 février 1950，第259页。

328. Marchés Coloniaux，"法属西非的教育"［"Enseignement（en A. O. F.）"］，n°224，Samedi 25 février 1950，第471页。

329. Marie-Andrée（修女），《黑非洲人民的境况》（*La condition humaine en Afrique noire*），Préf. du Dr P. L. Aujoulat，Grasset，1953，第264页。

330. Maroger（G.），《论殖民地的诉求》（*Essai sur les revendications coloniales*），thèse de doctorat，Paris，1938，éd. Sirey，第440＋第XX页。

331. Martens（Georges），"1945年至1960年间在法属西非用法语

表达的工会诉求"("Le syndicalisme en Afrique Occidentale d'expression française de 1945 à 1960"),série de 3 articles,载于 *Revue d'Etudes Politiques et Economiques Africaines*。

1) novembre 1980;

2) décembre 1980-janvier 1981;

3) février 1981.

332. Martin (Claudine),"论女孩的教育及当地相关政策：以上加伦地区为例"("Théories sur l'éducation des filles et politiques scolaires locales: exemple de la Haute-Garonne"),Communication au IIIe colloque annuuel de l'Association Internationale pour l'Histoire de l'Education,Sèvres,27—30 sept. 1981,6 f. ronéo。

333. Martin (J. Y.),"论黑非洲的教育社会学"("Sociologie de l'enseignement en Afrique noire"),*Cahiers internationaux de sociologie*,vol. 53,1972,第337—362页。

334. Marty (P.),《对塞内加尔境内伊斯兰教的研究》(*Etudes sur l'Islam au Sénégal*),Leroux,Paris,1917,两卷:

第一卷《人物》(*Les personnes*),第412页。

第二卷《理论和制度》(*Les doctrines et les institutions*)。

335. Marty (P.),Salenc (J.),《塞内加尔境内的伊斯兰隐士学校：圣路易的伊斯兰学校》(*Les écoles marboutiques au Sénégal. La médersa de Saint-Louis*),Leroux,Paris,1914,245/160,第111页。

336. Marx (Bernard),《理解资本主义经济：运行和演变,矛盾和危机》(*Comprendre l'économie capitaliste. Fonctionnement et évolution. Contradictions et crises*),Editions sociales,Paris,1979,第288页。

337. Marx (K.),Engels (F.),《马克思和恩格斯对教育的批判》

(*Critique de l'éducation et de l'enseignement*), Maspéro, Paris, 1976, 第285页。

338. Masson（J.），《现代法国海外任务汇总》(*Bibliographie missionnaire moderne*)（共收入 1,400 条信息），Casterman, Paris, 1945, 第184页。

339. Mathiam（Joseph），"塞内加尔知识分子：先锋还是御用文人？"（"L'intellectuel sénégalais: pionnier ou mandarin"），*L'Unité*, organe central du BPS, n°75, mardi 25 décembre 1960。

340. Mayeur（F.），《法国19世纪的女孩教育》(*L'éducation des filles en France au XIXe siècle*), Hachette Coll. "Le temps et les hommes", Paris, 1979, 第208页。

341. Mazauric（Cl.），《雅各宾主义与法国大革命：纪念1789年法国大革命两百周年》(*Jacobinisme et révolution: autour du bicentenaire de 1789*), Editions sociales, Paris, 1984, 第350页。

342. Mazé（J.），《殖民政府和法国海外任务团队在教育上的合作》(*La collaboration scolaire des gouvernements coloniaux et des missions*), Editions Maison-Carrée, Alger, Imprimerie Pères Blancs, 1933, 第185页。

343. M'Baye（Kêba），《非洲的基础性教育》(*L'éducation de base en Afrique*), Mémoire pour le Diplôme de l'ENFOM, 1960。

344. M'Bengue（Alioune Badara），"论干部的非洲化"（"Africanisation des cadres"），éditorial de *Condition Humaine*, organe du B. D. S., n°171, Lundi 7 mai 1956。

345. M'Bodj（Mohamed），《1887年至1940年间塞内加尔锡内萨隆地区的殖民经济：文化失根，教育巨变》(*Un exemple d'économie coloniale. Le Sine-Saloum (Sénégal) de 1887 à 1940: culture arachidière et muta-*

tions sociales), Thèse pour le doctorat de 3ᵉ cycle, Connaissances du Tiers-Monde/Géographie, Université de Paris VII, 1978, 2 vol. 第691页.

346. M'Bow (A. M.),"论达鲁穆斯蒂地区的基础教育任务"("Mission d'éducation de base de Darou-Mousti"), *Education de base en AOF*, *Education Africaine*, n. s., n°spécial, n°20—21, 1953.

347. Mercier (P.), "论塞内加尔精英的演变"("L'évolution des élites sénégalaises"), *Bulletin International des Sciences Sociales*, UNESCO, 1956, vol. III, n°3, 第448—460页.

348. Merton (R. K.), "目的性社会行动的非目的性结果"("The Unanticipated Consequences of Purpositive Social Action"), *American Sociological Review*, vol. I., 1936, 第894—904页.

349. Merton (R. K.),《社会理论与社会结构》(*Social Theory and Social Structure*), trad. franc: *Eléments de Théorie et de methods sociologiques*, Plon, 1965, 第514页.

350. Midiohouan (G. O.),《法语黑人文学中的意识形态》(*L'idéologie dans la littérature négro-africaine d'expression française*), L'Harmattan, Paris, 1986, 第250页.

351. Miege (J. L.),《1870年至今的欧洲扩张与去殖民化》(*Expansion européenne et décolonisation de 1870 à nos jours*), PUF, Paris, 1973, 第414页.

352. Milcent (E.),《法属西非登场》(*L'AOF entre en scène*), Bibliothèque de l'homme d'action, Paris, 1958, 第191页.

353. Ministère de l'Information (France),《法国信息部对法国大众文化的研究》(*La culture populaire en France, Notes Documentaires et Etudes*), n°233, série française, LXXII, 12 février 1946, 第8页.

354. Mollien（G. Th.），《1818 年法国探险家对塞内加尔的描述》（*L'Afrique occidentale en 1818 vue par un explorateur français*），Présentation de Hubert Deschamps，Calmann-Lévy，Paris，1967，第 301 页。

355. Monmarson（R.），"工匠"（"Artisanant"），éditorial du n°2 des *Annales Coloniales*，juin 1933。

356. Monod（J. L.），《对法属西非地区教师的一些指示》（*Instructions au personnel enseignant qui débute dans les écoles de l'Afrique occidentale française*），n°spécial du B. E. A. O. F.，n°46，Gorée，1921。

357. Monod（J. L.），《适应当地学校需要的法属西非史》（*Histoire de l'Afrique occidentale française adaptée aux écoles indigènes*），Delagrave，Paris，1925，第 341 页；préf. de M. Delafosse。

358. Montagne（R.），《法兰西联盟可能吗?》（*L'Union Française est-elle possible?*），Documentation Française，*Notes documentaires et Etudes*，n° 286，serie FOM-VII，19 avril 1946，第 10 页。

359. Moreau（Paul），《法属西非的当地人及其政治经济条件》（*Les indigènes de l'AOF, leur condition politique et économique*），Domat-Montchrestien，1938，第 379 页（Etudes de sociologie et d'ethnologie juridiques，XXVII）。

360. Moumouni（A.），《论非洲的教育》（*L'éducation en Afrique*），Maspéro，Paris，1964，第 400 页。

361. Mounier（E.），《黑非洲的觉醒》（*L'éveil de l'Afrique noire*），Seuil，Paris，1948，第 169 页。

362. Mus（P.），"事实面前的殖民主义"（"Le colonialisme devant les faits"），*Cahiers Internationaux de Sociologie*，vol. XVII，1954，第 3—16 页。

363. Mus（P.），《法兰西联盟的命数》（*Le destin de l'Union française*），Seuil，Paris，1954，第 359 页。

364. Mulenzi（J.），《殖民问题的国际化》（*L'internationalisation du problème colonial*），Edit. du Treureunberg，Bruxelles，1958，第 165 页。

N

365. N'Dak（P.），《非洲故事与教育》（*Le conte africain et l'éducation*），L'Harmattan，Paris，1984，第 254 页。

366. N'Dao（O.），"论干部非洲化政策"（"A propos de la politique d'africanisation des cadres"），*L'Unité*，organe du BPS，n°13，samedi 13 juillet 1957。

367. N'Diaye（Ch.），《论1871年至1914年间塞内加尔市镇居民的政治起步》[*Les débuts politiques des Originaires des Communes du Sénégal (1871—1914)*]，Mémoire de maîtrise，Univ. Paris X-Nanterre，1980，第 123 页。

368. N'Diaye（J. P.），《黑皮肤的世界及其政治命运》（*Monde noir et destin politique*），Présence Africaine / Nouvelles Editions Africaines，Paris，Dakar，1976，第 198 页。

369. N'Diaye（Malick），《塞内加尔：（1958年11月至1962年12月）制宪会议的政治权力与社会力量》[*Sénégal. Pouvoir politique et forces sociales de l'Assemblée constituante (novembre 1958 à décembre 1962)*]，thèse pour le doctorat d'Etat ès Lettres et Sciences Humaines，Univ. Paris VII，1986，第 500 页。

370. N'Diaye（Mansour Bouna），"如何培养和利用乡村合作中的干部？"（"Comment former et utiliser les cadres de coopération rurale？"），

L'Unité, organe central du BPS, n°52, sam. 2 juillet 1960，第 2 页。

371. N'Diaye（Samba），"黑非洲的人种学与阶层结构"（"Ethnographie et structure de classes en Afrique noire"），Communication au Symposium de Pékin, 1963。

372. N'Diaye（Soul.），"世俗教育工会给塞内加尔地区顾问和部长的一封信"["Lettre du Syndicat Unique de l'Enseignement Laique（SUEL）à MM. les Conseillers territoriaux et à MM. Les Ministres du Sénégal"]，*L'Unité*（organe du BPS），n°10, 25 mai 1957。

373. N'Diaye（Valdiodio, ministre de l'Intérieur），"塞内加尔内政部长论干部非洲化"（"A propos de l'Africanisation des cadres"），*L'Unité*, organe central du BPS, n°50, Sam. 18 juin 1960。

374. N'Doye（A. K.），《1976 年至 1981 年间塞内加尔的电视教学》[*La télévision scolaire au Sénégal（1976—1981）：étude des obstacles à l'innovation*]，thèse de doctorat de 3e cycle en Sciences de l'éducation, Univ. de Lyon II, 1983。

375. N'Gango（G.），"论黑非洲的新文化殖民战略"（"Stratégies du néocolonialisme culturel en Afrique noire"），载于 *Présence Africaine 1947—1967：mélanges, Réflexions d'hommes de culture*, Présence Africaine, Paris, 1969，第 385—400 页。

376. N'Tchorere（capitaine），"非洲青年的问题"（"Le problème des jeunes générations africaines"），*Revue des Troupes Coloniales*, 1938，第 1118—1138 页。

377. Nadel（S. F.），"社会精英的概念"（"La notion d'élite sociale"），*Bulletin International des Sciences Sociales*, vol. VIII, n°3, 1956，第 419—431 页。

378. Naville（P.）（s.'la dir. de）,《学校与社会学》(*Ecole et Sociologie*)(*Recherches de Sociologie du Travail*), n°5, Rivière éd., 1959, 第131页。

379. Netter（M. L.）, "乡村地区人民对教育的需求及其与教育政策的联系"["La genèse de la demande populaire d'instruction en milieu rural, et ses liens avec la politique scolaire (XVIIIᵉ-début XIXᵉ siècles)"], communication au IIIᵉ colloque annuel de l'Association pour l'Histoire de l'Education, Sèvres, 27—30 sept. 1981, 第11页, ronéo。

380. Nyambarza（Daniel）,《论法兰西第三共和期间的殖民政策形成》(*Formation de la doctrine coloniale de la France sous la IIIᵉ République*), thèse de doctorat de 3ᵉ cycle, Paris, 1971, 第300页。

P

381. Pales（ . ）, "在法属西非对当地人进行人类学调查的组织"("L'organisation d'enquête anthropologique des populations indigènes de l'AOF"), 载于 *Médecine Tropicale*, n°2, 1946, 第147—159页。

382. Pales（ . ）,《法属西非人类学任务统览》(*Le bilan de la Mission anthrologique de l'AOF*), Direction générale de la Santé de l'AOF, Dakar, 1948, 第48页。

383. Parsons（T.）,《社会体系》(*The Social System*), Glencoe, 1951, 第575页。

384. Pasquier（R.）, "19世纪塞内加尔的城市"("Villes du Sénégal au XIXᵉ siècle"), *Revue française d'histoire d'outre-mer*, n°168—169, déc. 1961。

385. Pauvert（J. C.）,《论基础性教育》(*L'éducation de base*), Fon-

dation Nationale des Sciences Politiques, Paris, 1959, 36 页（Centre de formation des experts de coopération technique internationale 4ᵉ session, avr. -juillet 1959）。

386. Paye（Recteur L.），"达卡大学学生手册对该校的介绍"（"Université de Dakar"），préface du *Livret de l'Etudiant de l'Université de Dakar 1959—1960*, Imprimerie nationale, Dakar, 1959。

387. Peyre（C.），"法国中等教育课程里学生的社会身份"（"L'origine sociale des élèves de l'enseignement secondaire en France"），载于 *Ecole et société*（*Recherches de Sociologie du Travail*, n°5），Rivière éd.，Paris, 1959。

388. Perruchot（A.），"道德、农业、卫生与口头教学"（"Morale-Agriculture-Hygiène et Enseignement vernaculaire"），B. E. -AOF, n° 105—103, 1939, 第 82—84 页。

389. Peter（G.），《法国在塞内加尔的付出》（*L'effort français au Sénégal*），Boccard, Paris, 1933, 第 383 页。

390. Petit（E.），《公法或殖民地政府》（*Droit public ou gouvernement des colonies*），Librairie Paul Genthner, Paris, 1911, 第 513 页。

391. Pinet-Laprade（Gouv.），"论塞内加尔色雷尔人"（"Notice sur les Sérères du Sénégal"），*Revue maritime et coloniale*, 1865, 第 479—492 页，第 709—728 页。

392. Pleven（René），Commissaire aux colonies, "普列文 1945 年在布拉柴维尔会议上的演讲"（"Discours à la Conférence de Brazzaville"），载于 Ministère des colonies: *La conférence africaine française de Brazzaville*, Paris, 1945。

393. Pompidou（Georges），"蓬皮杜 1964 年在国民议会上的演讲"

["Discours sur la coopération (prononcé par M. le Premier Ministre devant l'Assemblée Nationale le 10 juin 1964)"], La Documentation Française, Paris, 第 28 页。

394. Poquin (J. J.),《1925 年至 1955 年间法兰西联盟中黑非洲国家的对外经济关系》(*Les relations économiques extérieures des pays d'Afrique noire de l'Union française, 1925—1955*), A. Colin, Paris, 1957, 第 297 页。

395. Potemkin (I. I.),"知识分子圈和民族意识的觉醒"("L'intelligentsia et l'éveil de la conscience nationale des peuples"), 载于 *Des africanistes russes parlent de l'Afrique*, Présence Africaine, Paris, 1960, 共 294 页, 第 183—195 页。

396. Présence Africaine,《1947 年至 1967 年的＜非洲存在＞杂志》(*Présence Africaine 1947—1967*)。Mélanges (Réflexions d'hommes de culture), Paris, 1969, 第 406 页。

397. Présence Africaine,《黑人学生开口说话》(*Les étudiants noirs parlent...*), Présence Africaine, n°14, n°spécial, Paris, 1953, 311 页。

398. Presse coloniale (La),《法属西非的教育部署》(*Les œuvres sociales en AOF*), Paris, 1936, 第 20 页。

399. Programme des Nations-Unies pour le Développement,《发展乡村职业教育》(*Formation professionnelle rurale*), O. I. T., Genève, 1969, 第 48 页。

400. Programme des Nations-Unies pour le Développement,《发展城市职业教育》(*Formation professionnelle urbaine*), O. I. T., Genève, 1969, 第 33 页。

401. Prost (A.),《1800 年至 1967 年间法国的教育史》(*Histoire de*

l'enseignement en France 1800—1967), A. Colin, Paris, 1968, 第 524 页。

402. Prost（A.）,《教育民主化了吗？1945 年至 1980 年间奥尔良地区的初高中生》(*L'enseignement s'est-il démocratisé? Les élèves des lycées et collèges de l'aggolmération d'Orléans de 1945 à 1980*), PUF, Paris, 1986, 第 205 页。

403. Prost（A.）,《巨变社会中的学校和家庭》(*L'école et la famille dans une société en mutation*), Nouvelle Librairie de France, Paris, 1981, 第 729 页。

R

404. Raffenel（A.）,《1843 年至 1846 年间在法属西非的游记》(*Voyage dans l'Afrique occidentale française 1843—1846*), A. Bertrand, Paris, 1846, 第 VII—512 页。

405. Raffenel（A.）,《新黑人国家游记》(*Nouveau voyage au pays des Nègres*), Chaix, Paris, 1856, 两卷。

406. Rainero（R.）, "中立主义的演变及其在非洲体现出的特点"（"*L'évolution du neutralisme et ses caractéristiques africaines*"), Genève-Afrique, Acta Africana, Vol. IV, n°1, 1965。

407. Reberioux（M.）,《极端的共和国？以 1898 年至 1914 年间为例》(*La République radicale? 1898—1914*), Le Seuil, Paris, 1975, 第255 页。

408. Renaissance（revue politique）,《法国的将来》(*L'avenir français*), n°spécial, oct. 1944, préface de René Pleven, Commissaire aux Colonies。

409. Renaud-Molinet（C.）, "苏丹混血儿的情况"（"La condition

des métis au Soudan"）, *Annales Coloniales*, juillet 1937, n°54, 第 22—23 页。

410. Renault（F.）, "论 1848 年至 1905 年间塞内加尔的废奴"〔"L'abolition de l'esclavage au Sénégal（1848—1905）"〕, *Société d'Histoire d'Outre-Mer*, Paris, 1972, 第 109 页。

411. République du Sénégal, UNESCO,《非洲妇女和成人教育》(*Les femmes africaines et l'éducation des adultes*), Colloque international。Rapports et Recommendations; Discours du Président de la République; Liste des participants. Dakar, 30 nov. 1962, 第 60 页。

412. Rey（P. Ph.）,《殖民主义、新殖民主义和向资本主义的过渡》(*Colonialisme, néo-colonialime et transition au capitalisme*), Maspéro, Paris, 1971, 第 526 页。

413. Rivence（P.）, Guberina（P.）, "旨在在非洲发展成人教育的计划"（"Projet en vue du développement de l'éducation des adultes en Afrique"）, *Présence Africaine*, 1er trim., 1962。

414. Rolland（C.）, Lecq（M. ed.）,《在当地穆斯林学校中推广的农业课本》(*Manuel d'agriculture à l'usage des écoles d'indigènes musulmans*), Challamel éd., Paris, 1906, 第 318 页。

415. Roussel（J.）,《殖民地伦理：对精英生活的指引》(*Déontologie coloniale: consignes pour la vie de l'élite*), éd. Weismail-Charlier, Namur, Paris, 1949, 第 412 页。

416. Rulon（H. C.）, Friot（Ph.）,《1820 年至 1940 年间初等学校的教育》〔*Un siècle de pédagogie dans les écoles primaires（1820—1940）*〕, Histoire des méthodes et manuels colaires utilisés dans l'Institut des Frères

de l'Instruction chrétienne de Ploërmel, Vrin, Paris, 1962, 第 230 页。

S

417. Sabatier (P.),《培养殖民地精英：论威廉·庞蒂学校及其毕业生》(*Educating of Colonial Elite. The William-Ponty School and its Graduates*), Ph. D., Univ. of Chicago, 1977, 第 470 页。

418. Sabatier (P.), "1904 年至 1945 年间威廉·庞蒂学校在法属西非培养的殖民精英" ("Formation d'une élite coloniale: l'Ecole William-Ponty en Afrique occidentale française de 1904 à 1945"), *Educafrica*, n° 6, nov. 1980, 第 113—132 页。

419. Sadji (Abdoulaye),《非洲教育与文明》(*Education africaine et civilisation*), SAFEP, Dakar, 1964, 第 92 页。

420. Sambou (Bernardin),《从塞内加尔的传统教育到现代教育》(*De l'éducation traditionnelle à l'éducation moderne au Sénégal*), thèse de doctorat de 3ᵉ cycle de sociologie, Univ. Paris V, 1973, (V)—558—(34) ff.。

421. Sar (A.), Fofana (I.), Banny (K.), "黑非洲教育的思路和现状" ("Esprit et situation de l'enseignement en Afrique noire"), *Présence africaine*, n°11, déc. 1956-janv. 1957, 第 71—83 页。

422. Sarraut (A., ministre de colonies), "在 1922 年 11 月 3 日殖民学校开课时的讲话" ("Discours prononcé à l'ouverture des cours de l'Ecole coloniale le 3 novembre 1922"), Imprimerie spéciale de la Dépêche coloniale, Paris, 1922, 第 10 页。

423. Sarraut (A., ministre de colonies), "在 1923 年 11 月 15 日殖民学校开课时的讲话" ("Discours prononcé à l'ouverture des cours de

l'Ecole coloniale le 15 novembre 1923"), Imprimerie du journal *La Presse coloniale*, Paris, 1923, 第 14 页。

424. Sarraut (A.),《法国殖民地的发展》(*La mise en valeur des colonies françaises*), Payot, Paris, 1923, 第 656 页。

425. Sarraut (A.),《殖民的伟大与奴性》(*Grandeur et servitude coloniales*), Sagittaire, 1931, 第 285 页。

426. Scheffer (C.),《1763 年至 1870 年间法属西非行政长官下达的命令》(*Instructions générales données de 1763 à 1870 aux gouverneurs et ordonnateurs des établissements français en Afrique occidentale*), Champion, Paris, 两卷。

427. Schipper de Leuw (M.),《1920 年至 1966 年间非洲黑人小说中的白人和西方形象》(*Le Blanc et l'Occident au miroir du roman négro-africain de langue française des origines au Festival de Dakar 1920—1966*), Clé, Yaoundé, 1973, 第 261 页。

428. Seck (Assane),《达卡：西非重镇》(*Dakar, métropole ouest-africaine*), IFAN, Dakar, 1970, 第 516 页。

429. Seck (Assane), "大学改革的迫切性"("La nécessité d'une réforme de l'Université"), rapport au conseil national de l'UPS, 载于 *Dakar Matin*, 22 juillet 1968。

430. Seck (P. I.), "法属西非的殖民学校：以塞内加尔为例"("L'école coloniale en AOF. L'exemple du Sénégal"), 载于 *Jonction*, décembre 1980, 第 6—19 页。

431. Seck (P. I.), "论非洲哲学"("Auteur de la philosophie africaine..."), 载于 *Jonction*, n°5, mai 1981。

432. Seck（P. I.），"非洲民主召集运动与教育问题"（"Le Rassemblement Démocratique Africain et la question scolaire"），communication au colloque international sur le 40° anniversaire du RDA, Yamoussoukro, 15—25 oct. 1986, 32 f。

433. Seck（P. I.），"非洲民主召集运动与和平问题：坚持信念"（"Le Rassemblement Démocratique Africain et la question de la paix: la constance d'une fidélité"），communication au Symposium international sur la contribution à la conception ivoirienne de la paix, Touba（Côte d'Ivoire），14—19 juillet 1987, 36 f。

434. Semidei（M.），"课本中反映出的帝国与去殖民化"（"De l'Empire à la décolonisation à travers les manuels scolaires"），*Revue Française de Sciences Politiques*, n°1, février 1966, 第56—86页。

435. Senghor（L. S.），"对非洲教育的反思：乡村大众学校"（"Réflexion sur l'éducation africaine. L'école rurale populaire"），*Paris-Dakar*, n°287, 9 janv. 1937。

436. Senghor（L. S.），"法属西非的女性地位演变"（"L'évolution de la situation de la femme en AOF"），*Marchés coloniaux*, n°226, 11 mars 1950, 第541—543页。

437. Seurin（J. L.），"法属西非的社会精英和政党"（"Elites sociales et partis politiques d'AOF"），*Annales Africaines*, Fac. de Droit de l'Univ. de Dakar, 1958, 第123—158页。

438. Siriex（P. H.），《1957年的法属西非：一个新非洲》（*Une nouvelle Afrique. AOF 1957*），Plon, Paris, 1957, 第278页。

439. Snyders（G.），《学校、阶级与阶级斗争》（*Ecole, classes et*

luttes des classes),PUF, Paris, 1976, 第 381 页。

440. Sonolet (L.),《法属西非》(*L'Afrique occidentale française*), Hachette, Paris, 1912, 第 255 页。

441. Sonolet (L.), Peres (A.),《非洲小学生的读写课本》(*Méthodes de lecture et d'écriture de l'écolier africaine*), A. Colin, Paris, 1915, 第 91 页。

442. Sonolet (L.), Peres (A.),《穆萨与吉格拉：两位黑人小孩的故事。目前阅读图书。法属西非学校全教程》(*L. Sonolet et A. Peres, Moussa et Gigla. Histoire de deux petits Noirs. Livre de lecture courante. Cours complet d'enseignement à l'usage des écoles de l'Afrique occidentale française*), A. Colin, Paris, 1916, 第 263 页。

443. Sonolet (L.), Peres (A.),《乡村学校中非洲老师的课本》(*Le livre du maître africain à l'école de village. Cours complet d'enseignement à l'usage des écoles de l'Afrique occcidentale française*), A. Colin, Paris, 1916, 第 279 页。

444. Sorbier de la Tourasse (J. du),《在沃洛夫的国度》(*Au pays des wolofs. Souvenirs d'un traitant du Sénégal*), Imprimerie Mame, Tours, 1897, 第 192 页。

445. Sow (Hameth-Télémaque), "反动思维的悲哀"("Tristesse d'une mentalité réactionnaire") (réponse à Raoul Monmarson, directeur des Annales Coloniales), *Le Progrès*, samedi 13 décembre 1934。

446. Sow (Hameth-Télémaque), "论殖民总督布热维尔的指令" ("A propos d'une nouvelle circulaire de M. le Gouverneur Général Brévié"), *Le Progrès*, samedi 16 février 1935。

447. Sow（Hameth-Télémaque），"论教育"（"A propos de l'Enseignement"），*L'Impartial de la Côte d'Ivoire*，n°2，Juillet，1936。

448. Siné（B.），《帝国主义与发展社会学理论》（*Impérialisme et théories sociologiques du développement*），Anthropos，Paris，1975，第397页。

449. Speigel（J. C.），《1921年至1939年间法属西非民族主义思想的一些方面》（*Aspects of Nationalist Thought Among French Speaking West of Africa 1921—1939*），thèse pour le Ph. D.，Oxford University，1968。

450. Sylla（O.），"当代沃洛夫社会中的种姓制度"（"Persistance des castes dans la société wolof contemporaine"），*Bulletin de l'IFAN*，série B，tome XXVIII，juillet-octobre 1966，第731—770页。

451. Suret-Canale（J.），《1945年至1960年间从殖民到独立的黑非洲》（*Afrique noire. De la colonisation aux indépendances*，*1945—1960*），Editions sociales，Paris，1972，第430页。

452. Suret-Canale（J.），《1945年至1960年间从殖民到独立的黑非洲》（*L'Afrique noire de la colonisation aux indépendances. 1945—1960*），Editions sociales，Paris，1977，第430页。

453. Suret-Canale（J.），《1900年至1945年间黑非洲的殖民时期》（*L'Afrique noire. L'ère coloniale*，*1900—1945*），Editions sociales，Paris，1977，第636页。

454. Suret-Canale（J.）《论非洲史：从对待黑人到新殖民主义》（*Essais d'histoire africaine. De la traite des Noirs au néocolonialisme*），Editions sociales，Paris，1980，第272页。

455. Suyeux（Jean），《面向博隆博隆的法官》（*M. le Juge à Boroum Boroum*），La Table Ronde，Paris，1958，第245页。

T

456. Tal（Chérif），《论教师的空缺》(*Le vade mecum de l'enseignant*)，Nouvelles Editions Africaines, Dakar-Abidjan, 1975, 第105页。

457. Tam-Tam (Bulletin mensuel des Etudiants catholiques africains)，《论黑非洲的教育》(*Scolarisation en Afrique noire*)，n°spécial（n°6—8），mars-mai 1955, 第98页。

458. Terrisse（A.），"法国海外属地的教材"（"Les manuels scolaires dans la France d'outre-mer"），载于 *Education Africaine*, nouvelle série, n°1, 1949, 第40—44页。

459. Terrisse（A.），《黑非洲的教师手册》(*Le livre de l'instituteur d'Afrique noire*)，Guide pédagogique et pratique des écoles africaines, F. Nathan, Paris, s. d.（après 1950），第243页。

460. Terrisse（A.），《基础性教育及音频、视频辅助教学的课本》(*Les méthodes de l'éducation de base et les auxiliaires audio-visuels en AOF*)，publié dans Education Africaine, "série Education de base", n°3, 1954, 第31页, sous les auspices du Service Fédéral de l'Education de Base de l'AOF。

461. Terrisse（A.），"白人部落"["La tribu des Blancs（André Terrise s'adresse aux Français du Mali)"]，*L'Unité*, organe central du BPS, n°50, 18 juin 1960, 第4页。

462. Terrisse（A.），"大卫·迪奥普：一个诚恳的诗人"（"David Diop, poète de la sincérité"），*L'Unité*, organe central du BPS, n°66, mardi 25 oct. 1960。

463. Terrisse（A.）, Souche（A.）,《非洲小学生的一天：识字和算术小册子》(*La journée du petit écolier d'Afrique. Livret unique pour l'apprentissage de la lecture et du calcul*), F. Nathan, Paris, 1958。

464. Thomas（L. V.）, "塞内加尔教育的演变"（"Evolution de l'éducation au Sénégal"）, *Notes africaines*, IFAN, n° 17, 1965, 第88—90页。

465. Thomas（L. V.）,《论迪奥拉人》(*Les Diolas. Essai d'analyse fonctionnelle sur une population de Base-Csamance*), thèse de doctorat ès Lettres. Université de Paris, 1959, 2 vol., 822页（本书也曾在塞内加尔出版，见 IFAN à Dakar, collection Mémoires de l'IFAN）。

466. Thomas（L. V.）, Fougeyrollas（P.）,《非洲的艺术与塞内加尔社会》(*L'Art africain et la société sénégalaise*), Univ. de Dakar, 1967, 第111页。

467. Thomas（L. V.）, Luneau（R.）（avec le concours de J. L. Doneux）,《黑非洲的宗教》(*Les religions d'Afrique noire. Textes et traditions sacrés*), Fayard-Denoël, Paris, 1969, 第409页。

468. Traore（B.）,《非洲黑人戏剧及其社会作用》(*Le théatre négro-africain et ses fonctions sociales*), Présence Africaine, Paris, 1958, 第159页。

469. Traore（S.）,《非洲学生的历史责任》(*Responsabilités historiques des étudiants africains*), Anthropos, Paris, 1973。

470. Traore（S.）,《法国的黑非洲学生联盟》(*La Fédération des Etudiants d'Afrique Noire en France*), L'Harmattan, Paris, 1965, 第103页。

471. Tricaz（J.）,《黑非洲的殖民和宗教：以茨基舒尔为例》(*Colo-

nisations et religions en Afrique noire: l'exe, ple de Ziguinchor); préface de Louis-Vincent Thomas; L'Harmattan, Paris, 1981, 第 VII—357 页。

472. Turcotte (Denis) en collab. avec, Aube (H.),《1826 年至 1959 年间法属西非有关语言的法律和指令文件汇总》[Lois, réglements et textesadministratifs sur l'usage des langues en AOF (1826—1959)], Répertoire chronologique annoté, Presses de l'Université de Laval, 1983, 第 VIII—123 页。

U

473. UNESCO,《黑非洲基础性教育的经验》(Expériences françaises d'éducation de base en Afrique noire), Paris, 1954, 第 67 页 (Etudes et Documents d'éducation, sept. 1954, n°IX)。

474. UNESCO, "适用于中等教育的大纲"("L'adaption des programmes de l'enseignement général du second degré")(Compte rendu de la réunion d'experts, Tananrive, 2—13 juillet 1962), Bulletin de Madagascar, n°195, août 1962, 第 649—662 页。

475. Université de Bordeaux,《殖民地的医科毕业生》(Diplôme de médecin colonial. Instructions, programmes de l'enseignement), 5 brochures, Faculté mixte de médecine et de pharmacie, 1902—1909。

V

476. Valantin (C.), Collomb (H.), "对塞内加尔教育现状的社会心理学研究"("Etude psycho-sociologique de la situation pédagogique au Sénégal"), Cahiers d'Etudes Africaines, n°8, 1962, 第 624—630 页。

477. Verdier (A.),《西非殖民地 35 年间的抗争》[Trente cinq ans

de lutte aux colonies（*Côte occidentale d'Afrique*）］, Librairie africaine et coloniale, Joseph André et Cie, Paris, 1897, 第 XV—360 页。

478. Vial（F.）,《三个世纪的中等教育史》(*Trois siècles d'histoire de l'enseignement secondaire*), Delagrave, Paris, 1936, 第 VIII—287 页。

479. Viard（P. E.）, "论法兰西共同体的宪法架构"（"Essai d'une organisation constitutionnelle de la communauté française"）, revue politique *Renaissances*, n°spécial, oct. 1944。

W

480. Wade（A.）, "对教材的批判性分析"（"Examen critique des méthodes pédagogiques"）, *Présence Africaine*, n°7, avril-mai 1956, 第 56—73 页。

481. Wane（Y.）,《福塔·图罗的图库罗人》(*Les toucouleurs du Fouta Tooro*), IFAN, Dakar, 1969, 第 251 页。

482. Warner（G.）, "论殖民教育"（"L'Education coloniale"）, *La Daba*, journal du Centre culturel Lebret, Dossier n°15, mars 1974, 第 7 页。

483. Weill（G.）,《1802 年至 1920 年间法国的中等教育史》［*Histoire de l'enseignement secondaire en France（1802—1920）*］, Payot, Paris, 1921, 第 255 页。

484. Wise（C. G.）,《英属西非的教育史》(*A History of Education in British West Africa*), Longman, Green, London, 1956, 第 134 页。

Y

485. Yacono（X.）,《法国殖民史》(*Histoire de la colonisation française*), P. U. F., coll. "Que sais-je?", Paris, 1979, 第 126 页。

Z

486. Zadou-Nasky（M.），"我们时代的教育问题"（"Le problème de l'éducation de notre époque"），载于 *L'Ecole préface de la vie*, ouvr. coll., Edition sociale française, Paris, 1943，第 133 页。

487. Ziegler（J.），《新非洲的社会学》（*Sociologie de la nouvelle Afrique*），Gallimard, coll. "NRF-Idées", Paris, 1964，第 381 页。

图书在版编目(CIP)数据

法国在非洲的文化战略：从1817年到1960年的殖民教育/（塞内）巴帕·易卜希马·谢克著；邓皓琛译—北京：商务印书馆，2016
（国际文化版图研究文库）
ISBN 978-7-100-12439-3

Ⅰ.①法… Ⅱ.①巴… ②邓… Ⅲ.①殖民统治–教育研究–法国–1817–1960 ②殖民统治–教育研究–非洲–1817–1960 Ⅳ.①G556.59 ②G540.9

中国版本图书馆 CIP 数据核字(2016)第179200号

所有权利保留。
未经许可，不得以任何方式使用。

法国在非洲的文化战略
从1817年到1960年的殖民教育

〔塞内〕巴帕·易卜希马·谢克 著

邓皓琛 译

商 务 印 书 馆 出 版
（北京王府井大街36号 邮政编码 100710）
商 务 印 书 馆 发 行
北京鑫海达印刷有限公司印刷
ISBN 978-7-100-12439-3

2016年8月第1版　　开本 700×1000 1/16
2016年8月北京第1次印刷　印张 17$\frac{1}{4}$

定价：48.00元